KB265645

텔레비전과 동물원

L' ÉCRAN ET LE ZOO

by Olivier Razac

© Editions Denoël, 2002

This Korean edition was published by arrangement with Les Editions Denoël

through Sibylle Books Literary Agency, Seoul

국립중앙도서관 출판시도서목록(CIP)

텔레비전과 동물원 / 올리비에 라작 지음
; 백선희 옮김. -- 서울 : 마음산책, 2007
p. ; cm

원서명: L'écran et le zoo
원저자명: Razac, Olivier
색인수록
ISBN 978-89-6090-018-9 03330 : ₩12000

326.76-KDC4
302.2345-DDC21   CIP2007002565

텔레비전과 동물원

리얼리티 TV는 동물원인가

올리비에 라작

마음산책

텔레비전과 동물원

1판 1쇄 인쇄 2007년 8월 25일
1판 1쇄 발행 2007년 8월 30일

지은이 | 올리비에 라작
옮긴이 | 백선희
펴낸이 | 정은숙
펴낸곳 | 마음산책

등록 | 2000년 7월 28일(제13 - 653호)
주소 | 서울시 마포구 서교동 395 - 114 (우121 - 840)
전화 | 대표 362 - 1452 편집 362 - 1451   팩스 | 362 - 1455
홈페이지 | http://www.maumsan.com
전자우편 | maum@maumsan.com

종이 | 화인페이퍼
인쇄 · 제본 | 한영문화사

ISBN 978-89-6090-018-9 03330

* 책값은 뒤표지에 있습니다.

* 일러두기
　도판과 도판 설명은 편집자가 넣었고, '＊'가 붙은 각주만 옮긴이 주입니다.

자신들의 몸을, 행동을, 생활방식을 전시하는 사람들은
눈에 보이지 않는 수백만 시청자들이 호기심을 갖고 바라보는
우리 속 짐승들이나 마찬가지인 셈이다.

리얼리티 스펙터클과 더불어 TV는 각 개인의 삶 한가운데 자리 잡고,
그와 동시에 삶은 TV에 흡수된다. (…) TV가 인터넷과
완전히 융화를 끝내게 되면
리얼리티 스펙터클은 급증할 것이고, 관객들은 그 속에
항구적으로 빠져 있게 될 것이며, 실제로 배우이자 관객이 될 것이다.

"우리가 칭송하고 모든 활동과 모든 재산의 머리에 놓아
야 할 이 멋진 철학이 대체 네게 무엇을 보장해주는가?
물론, 대중보다는 너 자신의 마음에 들기를 선호하라는
것, 판단들을 나열할 것이 아니라 평가하라는 것, 신에
대한 두려움도 인간에 대한 두려움도 없이 살라는 것,
다시 말해 네 불행을 이기라는 것, 불행을 끝장내라는
것이리라. 그 이외에는, 행여 저속한 대중이 듣기 좋은
소리로 너를 예찬하는 걸 보더라도, 네가 들어설 때 무
언의 명예인 박수갈채와 환호소리가 울려 퍼지더라도,
여자며 아이들이며 온 도시가 너를 칭송하더라도, 그 가
련한 인기로 이끄는 길이 어떤 길인지 아는 내가 어찌
너를 가엾이 여기지 않겠는가?"

—세네카, 『루킬리우스에게 보낸 편지』

머리말

스펙터클이 달라지고 있다. 비범한 주인공의 특별한 모험은 여전히 우리를 즐겁게 한다. 무대나 화면의 마법은 여전히 우리에게 최면을 걸고 있다. 그러나 점점 더 평범한 개인들, 일상적 이야기들, 흔한 상황들이 스펙터클의 풍경을 이루고 있는 게 현실이다. 스펙터클은 스펙터클을 마주 대하는 "보통" 관객의 삶을 흡수하면서 쇄신하고 있는 것 같아 보인다. TV는 그렇고 그런 평범한 개인의 외관상 즉흥적인 것으로 보이는 행동을 끊임없이 무대에 올리고 있다. TV는 아마추어 초대 손님들의 어눌한 말을, 바로 그 어눌함 때문에 감동을 안겨주는 말을 끊임없이 중계하고 있다. 개개인의 생활방식을 끊임없이 보여줌으로써 일반상식의 범주를 만들어내고 있다. 한마디로 TV는 리얼리티 스펙터클, 리얼리티 TV가 되어버린 것이다.

리얼리티 TV에 대한 분석은 대개 피상적이고 반복적인 비판에 그치고 만다. 무엇보다 이 방송들은 지루한 스펙터클이 될 것이라는 얘기다. 싱거운 일상을 요란하게 떠들어대는 공허밖에, 하찮은 일상의 연출밖에 보여주지 못할 것이다. 거기서는 아무 내용 없는 말일수록 활짝 꽃을 피울 것이며, 인간의 몸도 그 평범함에 걸맞게 베일을 벗게 될 것이다. 아무리 선택된 사람일지라도 아무나 사람들의 시선을 끌 수 없는 건 사실이다. 하지만 이런 방송들은 바로 우리 모두의 일상이 흥미로울 수 있다는 걸 증명하려는 의도를 갖고 있다. 그러기 위해선 우리의 일상을 우리가 항시 주인공인 스펙터클로 간주하기만 하면 된다. "미디어가 지배하는 시대에 자신의 이야기를 표현하지도 전달하지도 못하는 사람은 유령과 같은 개인이다. 우리는 모두 어떤 이야기의 주인공들이다. 우리는 그걸 알아야만 한다. 그렇지 않으면 존재하지 않게 될지도 모른다."[1] 리얼리티 TV는 "일상의 무미건조함"에 맞서 싸우는 시도임을 자처한다. 그런데 암울한 삶이라는 특질을 부인하는 일은 무감각의 징표로나 혹은 잔인한 엘리트주의의 징표로 인지될 우려가 크다. 다른 한편, 이 방송들은 경박하다고 여겨질 수 있을 것이다. 우리가 알아야 하고, 보아야 하고, 해야 할 보다 중요한 일들로부터 우리의 주의를 돌려놓는다는 것이다. 하지만 모든 오락의 역할이 바로 거기에 있지 않은가. 관객들의 "머리를 식히게" 해주는 역할 말이다. 물론 오락의 역할에 대해 의문을 가질 수는 있지만 그러자면 스펙터클 자체를 공격해야 할 것이다. 따지고 보면 이 방송들의 결점은 아무런 쓰임새가 없다는 것일 터이다. 이 방송들이 경박한 것은 유용한 정보를 전혀 전달하지 않기 때문이다. 그것들이 무의미한 것은 모범적이지 않기 때문이다. 이런 방

---

1 파트릭 플레장스(TV 방송 PD), 《리베라시옹》, 1992년 1월 8일. 파트릭 샤로도 · 로돌프 기글리온, 『빼앗긴 말 : 텔레비전의 한 장르, 토크쇼』, 파리, 뒤노드(사회 총서), 1997년, p.19에서 재인용.

송들은 피할 길 없는 혹독한 현실로부터 우리를 멀어지게 한다. 이 모든 얘기가 옹호될 수는 있지만 경박함을, 무의미함을, 혹은 무용함을 공격하는 것은 공허를 단죄하고 허공에 주먹질을 해대는 격일 뿐이다. 이 방송들이 무의미한 것은 말할 것이 하나도 없기 때문이다. 논리적으로 생각할 때 황금시간대의 공허한 방송에는 그저 조심스런 침묵으로 대응할 수밖에 없다.

보다 "정치적인" 비판을 하자면, 이러한 방송들이 일종의 감시를, 사생활에 대한 불건전한 감시를 한다는 점을 문제 삼을 수 있다. 〈빅 브라더〉*는 그 장치나 아이러니한 제목으로 인해 특히나 이런 비난을 불러일으킨다. 사생활 침해라는 말이 나오고, 그 방송들은 오웰의 『1984년』이나 나치 수용소와 비교되기도 한다. 믿기 힘든 일이다. 무슨 침해란 말인가? 도대체 이렇게 뒤죽박죽 섞는 의도가 무엇일까? 오히려 문제가 되는 건 이 모든 전시에 공통된 의도다. 요컨대 문제는 경찰의 감시가 스펙터클까지 확장되는 것이 아니라 스펙터클이 일상생활까지 확장되는 데 있다. 출연자들의 행동은 경찰의 눈에 감시당함으로써 통제되는 것이 아니라 요구 많은 관중에 의해 판단됨으로써 통제되고 있는 것이다.

이러한 TV가 변태적인 노출 취미를 따르고 있으며, 거기에 TV 시청

---

* 옮긴이 | 조지 오웰의 소설 『1984년』에서 텔레 스크린이나 도청장치를 이용해 모든 시민의 행동을 24시간 감시하는 독재 권력을 지칭하는 용어로, 이것이 TV 방송에 등장한 건 1999년 네덜란드에서부터다. 이 방송은 일정 수의 참가자들이 폐쇄된 공간에서 함께 생활하는 모습을 보여주며 매주 시청자들의 투표를 통해 한 명씩 탈락시킴으로써 최후의 승자에게 거액의 상금을 주는 형식으로 폭발적인 성공을 거두었다. 그 후 2000년, 미국, 영국, 독일, 스페인, 포르투갈, 스위스, 스웨덴, 벨기에, 덴마크, 노르웨이, 남아공, 폴란드, 호주에서 〈빅 브라더〉의 각국 버전이 생겨나, 리얼리티 쇼라는 최고 인기 TV 장르를 이루었다.

자들의 보편화된 엿보기 취미가 응답하고 있다는 비난도 있다. 그런데 이런 비난을 하는 사람들은 무슨 말을 하고 있는 것일까? 정신분석학에서 말하는 도착倒錯으로서의 노출증/관음증이라는 짝에 대해 말하고 있는가? 그건 분명 아니다. 한편, 화면 밖에서는 관찰하거나 보여주는 행위가 성적 즐거움을 얻기 위해 반드시 필요한 조건이 아니다. 다른 한편, 성도착으로서 관음증/노출증의 비난받아 마땅하거나 걱정스런 측면은 두 경우 모두 훔치는 행위의 필요성과 관계있다는 점이다. 자기 육체를 노골적으로 드러냄으로써 강렬한 쾌락을 얻는 사람은 상대가 놀라서 눈을 동그랗게 뜨는 짧은 순간을 포착하고 싶어 한다. 어둠 속에서 몰래 관찰하는 것에서 쾌락을 얻는 사람은 자신에게 주어지지 않은 생생한 그림을 훔치는 사람이다. 그런데, 리얼리티 스펙터클에서는 동그랗게 뜬 눈을 포착하려는 것도, 비밀스런 행동을 훔치려는 것도 결코 아니다. 도착의 척도로 볼 때 그들은 원본에는 관심 없는 사람들에게 질 나쁜 복사본을 팔아먹는 모작자들에 불과하다. 그렇다면 사람들이 비난하는 것은 정확히 무엇일까? 호기심 많은 관중 앞에서 스스로를 드러내는 데서, 혹은 은밀히 묵인하며 개인들의 행동을 관찰한다는 데서 해롭지 않은 쾌락을 느낀다는 것 이외의 그 무엇도 아니다. 이것을 관음증과 노출증으로 단죄한다면 몸과 눈을 통한 유희에서 쾌락을 얻는 능력을 단죄하는 셈이다. 또한 현대의 의사소통 수단들을 사용할 권리를 가진 자유로운 개인들이 추구하는 쾌락을 단죄하는 셈이다. 궁극적으로는 존재하지 않는 효율성과 합법성에 도덕적이고 퇴보적인 비판을 가하는 것이다. 따라서 이 비판을 받는 반대 진영에서 이처럼 일관되지 못한 모순을 자기 유리한 쪽으로 뒤집어놓는 건 전혀 놀랍지 않다. 반대 진영에서는 자신의 몸을 처분하고 자기 의견을 표현할 수 있는 개인의 권리를 옹호하고 나설 것이다. "〈빅 브라더〉에서 나는 타인들과 소통하는 새로운 방식을 본다. 그것은 사생활을 고려하는 새로운 방식이기도 하다. (…) 우리는 자신의 사생활을 보여줌으로써 쾌락을 창출할 수 있는 것이다."[2]

마지막으로, 사람들은 이러한 전시의 천박함 앞에서 비명을 내지른다. 리얼리티 TV와 더불어 우리는 "저속한 취향의 세계화"[3]를 목격하게 된다는 것이다. 가능한 일이다. 하지만 천박함과 저속한 취향은 명백히 영향력이 거의 없는 유동적인 범주다. 더욱이 공격의 화살은 쉽게 되돌아온다. "삶과 고통에 대한 증언들이 어째서 외설스럽단 말인가? 언제부터 감정이 포르노그래피가 되었는가?"[4] 이 TV 방송이 차이를 존중하는 대중적 이미지를 만들어내는 만큼 공격은 엘리트주의적 성향을 띨 우려까지 있다. 천박함을 비판하는 일은 "다른 사람들과 비슷한 사람들"의 삶을 멸시하는 것으로 여겨지기 쉽다. 하지만 무엇보다도 이 비판은 TV 방송에만 해당되는 것이 아니다. 저속한 취향으로 만들어진 것이라 할지라도 그 방송들만 저속한 것이 아니다. 여기서 문제가 되는 것이 천박함이라면 언제라도 스펙터클을 대중이 부끄러워하지 않고 받아들일 만한 것으로 만들 수 있다. 그렇다고 문제가 해결될까? 표면적 차이만을 다루는 이런 방식은 그러한 방송들의 원칙적 동질성을 깨뜨리게 된다. 인간의 행동을 전시하는 그러한 방송의 실제적 목적을 밝혀

---

2 파스칼 브뢰뇨(실비 케르비엘 기록 · 정리), 「파스칼 브뢰뇨와의 대담」, 《르 몽드》, 2000년 6월 4-5일.
3 「유럽에서 온 TV 관음증이 시청자와 수익을 휩쓸고 있다」, 《르 몽드》, 2000년 10월 19일.
4 미레유 뒤마, 《르 몽드》, TV 방송 안내 부록, 1993년 9월 27일부터 10월 3일까지의 주간週間. 파트릭 샤로도 · 로돌프 기글리온, 앞의 책, p.23에서 인용.

주지 못하는 미학적 평가로 그 동질성을 뒤덮음으로써 말이다.

이렇듯, 리얼리티 스펙터클은 다양한 유형의 비난을 불러일으키고 퍼뜨린다. 대개의 경우 그것이 질 나쁜 방송이라는 걸 증명하기 위해 피상적이거나 변태적인 혹은 퇴폐적인 측면, 혹은 이 세 가지 측면을 동시에 모두 갖추었다는 점을 내세운다. 이는 우리가 TV와 미디어에는 대중 교육의 임무가 있으므로 이러한 전시가 해로운 것이라는 전제에서 출발하기 때문이다. 우리는 TV와 미디어가 어떤 유형의 삶은 희생시키고 몇몇 유형의 삶은 장려하는 스펙터클의 교육적 기능에서 효율적이고 건전한 역할을 하지 않는다고 비난한다. 그런데, 이런 프로그램을 옹호하는 사람들은 바로 정반대의 주장을 펼친다. 그들은 그 방송의 합법성과 효율성을 옹호하고, 보수적인 비판들이 맹목적이며 반동적이라고 비난한다. 그렇기 때문에 평가를 달리 하는 이 순환적인 싸움은 그 방송들을 합법적인 스펙터클로 포용하느냐 배척하느냐의 수준에 머물러 있다. 어떤 경우에도 이 전시들의 존재이유와 그것이 개인과 대중에게 미치는 영향에 대해 밝히기 위해 그것의 뿌리 깊은 구조를 문제 삼지 못하고 있으며, 또한 문제 삼으려고 들지도 않는다. 요즘 일어나고 있는 스펙터클의 변화에 대한 공허한 비판이 있는데, 이는 스펙터클의 고유한 기능에 대한 근본적 비판으로 보완되어야 할 것이다. 문제 삼고 토론해보아야 할 것은 이런저런 방송의 형태가 아니요, 평가해야 할 것도 리얼리티 스펙터클이 내세우는 주장이 아니라, 리얼리티 스펙터클 그 자체다.

무엇보다 먼저, 리얼리티 스펙터클에서 전시되는 것이 무엇인지 규정하는 일은 유용한 작업이 될 수 있겠다. 전시되는 건 대중에게 알려지지 않은 사람들이다. 고유명사로 알아볼 수 없고, 다만 그들을 특징 짓는 유형으로만 알아볼 수 있는 익명의 사람들이다. 그렇기 때문에 그들은 관객이 가능한 한 빨리 그들이 표상하는 모델을 파악할 수 있을 방식으로 소개된다. 두서없이 말하는 파업 노동자, 같은 범죄를 되풀이하는 비행 청소년, 바람기 넘치는 여자 등. 그와 동시에 그들은 행동이 유별난 개인들이다. 자신들의 이름으로 말을 하는 개별적 본보기들이다. 자신의 행동을 전적으로 책임지는 일은 전시되는 사람의 몫이지, 그를 전시하는 스펙터클의 몫이 아니다. 리얼리티 스펙터클의 배우는 자기 자신인 동시에 전체를 대표한다. 그는 하나의 보편성을 구현하는 하나의 특수한 경우이며, 그와 동시에 자신이 유별난 행동을 설명하는 하나의 모델이기도 하다. 그는 표본인 동시에 사례다.

보여지는 것은 한 세트의 심리적, 사회적 기제다. 그것은 구체적인 행동들과 그 행동들의 원인, 행동의 주체들에게 부여되는 이름의 결합이다. 요컨대 하나의 성격, 하나의 인성으로, 그리스인들이 에토스 êthos[5]라 불렀던 것이다. 한편으로 그것은 감정이나 애착을 표현하는 개별적 행동들, 용감하거나 비겁하거나, 관대하거나 인색하거나, 정숙하거나 호색적인 행위들이다. 다른 한편, 그것은 그와 같은 행동들의 규칙성의 원인이요, 그런 방식으로 행동하는 경향이자 성향이다. 마지막으로, 그것은 자신의 애착에 따라 행동하는 사람에게 부여되는 이름이다. 누군가에 대해 그가 성마른 사람이라고 말하는 것은 대개 그가 화를 잘 내고 느닷없이 움직이며 거칠게 말하기 때문이다. 하지만 또한

---

5 아리스토텔레스, 『에우데무스 윤리학』 제2권, 파리, 브렝(철학서관), 1978년. 특히 제2장의 p.87을 참조할 것.

우리가 그에게 그렇게 행동하려는 성향이, 성벽이 있다고 가정하기 때문이기도 하다. 리얼리티 TV의 무명 배우는 시청자가 이해하기 쉬운 분명한 방식으로 고유의 역할을 연기한다. 각 행위와 각 대사는 하나의 성격과, 개인적 특성과 직접적으로 연결되어 있으며, 그 특성은 무명인의 행동에 의해 확인된다.

다음으로, 우리는 리얼리티 스펙터클이 어떻게 배우들을 무대에 올리는지 규정해볼 수 있다. 무명인은 스펙터클의 전문화된 회로에서 벗어나 있는 것처럼 보여야만 한다. 그의 태도는 자기 경험의 사실성과 자기 증언의 진실성을 입증해야 한다. 그는 자연스런 사회적 표본이요, TV의 직업 연기자들과 구분되는 "진짜 사람"들 가운데 한 사람이다. 그는 자기를 전시하는 기교를 터득하고 있지 못하며, 자기 이미지의 대량 확산에 무감각하지 않다. 이 두 가지 조건하에서 그는 시청자들에게 진정성을 느끼게 해줄 수 있다. 그는 출연을 미리 준비해두지 않았으며 자연스럽게 말하고 행동한다. 자기감정을 제어하지 않으며 분노나 슬픔의 감정을 쉽게 드러낸다. 또한 스스로 자신을 더 잘 알고 타인들이 스스로를 이해하는 걸 돕기 위해 자기 경험을 솔직하게 증언한다.

서투름은 무명인이 보여주는 진정성의 으뜸 형태다. 그는 떨 수도 있고 말을 더듬을 수도 있다. 지나치게 크게 말하거나 지나치게 작게 말할 수도 있다. 주제를 벗어날 수도 있고 상황 속에 지나치게 몰입해 있을 수도 있다. 용기를 내어 자기방어를 할 수도 있고 반대로 공격적으로 행동할 수도 있다. 어떤 경우건 그는 진행자와 리얼리티 TV 연출자들을 매료시킨다. 그는 넘치거나 모자람으로써 자기 출신의 비천함과 평범함을 증명해 보인다. 방송 준비는 증인의 천진함을 지키는 것을 목표로 삼는다. 그의 반응이 "순수한 샘"처럼 솟아나올 수 있도록 그는 새로운 환경에 놓인다. 표현의 자연스러움은 방송의 강렬한 감동을 보장해준다. 무명의 출연자는 자신을 제어하지 않는다. 그의 눈은 눈물로 적셔지고, 뺨은 붉어지며, 입술은 떨린다. 그는 방송의 올가미에 사로잡힌 채 심사숙고해서 만들어진 질문이나 상황이 유발하는 감동을 강렬하게 표현한다. 그는 연이은 사건들 속에 빠지는데, 그 사건들은 그에게 자연스러운 행동을 강요하고 평상시의 자기통제력을 교란하여 그를 일상생활에서보다 훨씬 재미난 인물이 되도록 유도한다. 마지막으로, 방송은 진행자와의 대화—질문과 대답 놀이—가 전시되는 주체의 진짜 성품을 드러나게 한다고 주장한다. 시청자들은 시적인 말의 진정성을 기대하고 판단한다. 초대객은 대화가 자기 자신에 대해 밝혀주고 자신이 정상임을 확인해주기를 희망한다. 즉흥적인 반응을 통해 표현된 감동과 진실은 무명 출연자의 진정성을 보장해주며, 그 진정성 위에 리얼리티 TV의 격상이 놓여 있다. "그는 당신이나 나와 같은 사람이며, 그가 말하는 것은 진실이고 사실이다. 우리는 사람들과 가깝고, 좌표 없는 우리 사회의 소통의 결함을 채우는 걸 목표로 삼는 정직한 방송을 만든다."

리얼리티 TV 방송은 15년 전부터 점차 늘어나고 다양해지고 있다.[*] 매체와 방식의 다양성에도 불구하고 그 방송들은 진정성이 확인된 행동이나 생활방식의 대량 전시장이 되고자 한다는 점에서 모두 서로 닮았다.[6] 리얼리티 스펙터클의 진정성은 진지함과 강렬함과 진실로 규정

---

[*] 옮긴이 | 저자가 이 글을 쓴 것이 2002년이라는 사실을 고려하는 것이 좋겠다. 하지만 리얼리티 TV방송이 더욱 다양해지고 여전히 인기를 끌고 있는 지금(2007년)에도 저자의 이 말은 유효해 보인다.

된다. 진지함이란 한 개인의 행동에 다가가는, 역설적이게도 매개되지 않는 직접적인 접근이다. 강렬함은 개인을 이끄는 감정들, 감동과의 내밀한 접촉이다. 그리고 진실이란 개인을 적합하게 규정짓는 성격을 아는 것이다. 우리가 그 진정성을 의심해볼 수는 있으나, 그런다고 해서 리얼리티 스펙터클이 실제로 전시되는 사람들의 온전하고 대중적인 성격을 창출해내는 걸 막지는 못한다. 그것은 거짓된 동시에 참된, 허구이면서 실재인 인물들을 제시하며, 그 인물들은 낯선 인성이나 행동들에 관해 미리 마련된 다양한 층의 설명들을 시청자들에게 제공해준다.

진정성은 허구보다 우월하다고 판단되는데, 개인들이 직접적으로 자신을 표현함으로써 혹은 말한 내용에서 자신을 알아봄으로써 욕구를 발산할 수 있기 때문이다. 게다가 그 표현은 전시되는 사람이나 그를 닮은 관객이 정상임을 재보장해준다. 마지막으로, 무명의 인물들을 대중 앞에 전시하는 건 알지 못하는 타인을, 베일을 벗은 가까운 사람으로 만들어줌으로써 사회적 관계를 강화시킨다. 따라서 스펙터클은 거짓된 동시에 진실된 성격 혹은 에토스를 만들어냄으로써 특별한 쾌락을 불러일으킨다. 그 쾌락의 세 가지 차원은 즉흥적 행동에 대한 호기심, 사적인 것이 주는 흥분, 분류가 주는 안도감이다.

그런데 이렇게 간단히 기능을 살펴보니 리얼리티 TV와 겉보기에는 매우 다른 스펙터클의 한 형태인 동물원 사이에 예기치 않은 관계가 드러난다. 그 둘의 관계를 이미 인지하고서도 다른 비판들과 마찬가지로

---

6 리얼리티 스펙터클이라는 정의에 포함시킬 수 있는 최근의 방송들은 이루 다 나열할 수가 없을 정도다. 〈로프트 스토리〉, 〈코-랑타의 모험가들〉, 〈스타 아카데미〉, 〈토론합시다〉, 〈나의 선택〉, 〈백만장자가 되고 싶은 사람?〉, 〈특파원〉, 이외에도 TV 뉴스와 인터넷 개인 웹캠들이 있다.

피상적인 닮음만을 지적하는 데 그치고 만 비판들도 있다. 자신들의 몸을, 행동을, 생활방식을 전시하는 사람들은 눈에 보이지 않는 수백만 시청자들이 호기심을 갖고 바라보는 우리 속 짐승들이나 마찬가지인 셈이다. 〈빅 브라더〉 방송이 바로 그렇다. "우리는 이 방송의 원칙을 알고 있다. 사람들을 몇 주 동안 브라운관이라는 우리에 집어넣고 그 속에 카메라들을 설치한다. 그리고 시청자들을 동물원 우리 앞에 앉히고 말한다. 시청률 동물원의 영장류를 관찰합시다."[7] 이 가축화는 이러한 방송들에 의해 제기된 문제를 해명해준다. 특히 동물원과 그 방송들과의 관계를 설명해준다. 리얼리티 스펙터클에서 문제가 되는 건 사람들을 동물처럼 다룬다는 점이 아니다. 문제는 전시된 동물과 마찬가지로 그래야 한다고 간주되는 이미지에 맞춰 사람들을 만들어내는 데 있다. 그와 마찬가지로 리얼리티 TV도 TV에 전시되는 개인들의 존엄성을 송두리째 앗아간다고 할 수 있을 것이다. 왜냐하면 그들을 인격체로서가 아니라 인체로 간주하기 때문이다. 이는 존엄성이 인간의 자연적 속성이 아니라 받아 마땅한 사회적 지위이며, TV가 갈망할 만한 존엄성을 창출해내고 부여해야 할 장치임을 인식하지 못하는 태도다.

그렇지만 리얼리티 TV와 동물원의 관계는 훨씬 더 본질적이다. 이 두 실체는 닮았을 뿐 아니라 그 본질이 같다. 이 사실은 인간을 전시했던 동물원에서 매우 잘 드러난다. 19세기 말에서 1930년대 초까지 이국적 원주민 무리가 유럽 전역에 걸쳐 동물원에 전시되었는데, 매번 호기심에 찬 엄청난 인파를 끌어 모았다. 이 인간 동물원은 멀리서 온 개

---

7 피에르 조르주, 「빅 브라더」, 《르 몽드》, 2000년 10월 19일.

인들의 생활방식과 행동방식, 그리고 그들의 "진짜" 인체를 전시함으로써 관객들에게 낯선 것과의 접촉이 주는 즐거움을, 미지의 것을 식별하는 데서 얻는 지식을, 이질성을 소화하는 데서 얻는 안도감을 제공했다. 거기서도 사람들은 인간들을 유형화시켜 무대에 올려놓으려고 했다. 사람들은 스펙터클을 통해 길들인 야만인 한 세트를, 기분을 전환해주고 설득력도 있는 세트를 만들어냈다. 동물원에 갇힌 호랑이는 자유로운 호랑이가 아니지만 그럼에도 우리가 상상하는 야생동물과 닮아야만 하는 것과 마찬가지의 방식으로 말이다. 더욱이, 사람들이 좋아한 건 스펙터클의 비일상적인 측면이라기보다는 무대의 사실성이었다. 관객을 잡아끈 건 분명 야만인들의 평범한 일상생활의 전시였다. 그렇다고 여기서 보여주려는 것이 리얼리티 TV가 사라진 인간 동물원의 직계 후손이라는 주장은 아니다. 그런 주장은 분명 무모하고 아마도 무용할 것이다. 하지만 근본적인 문제는 놓칠지 몰라도 두 장치 사이의 역사적 연관관계를 그어보고, 서로를 밝혀주고 해명해주는 둘의 기능적 관계를 짚어볼 수는 있을 것이다.

인간 동물원과 일반적인 동물원의 기능을 정확히 묘사해보면 리얼리티 TV가 얼마나 동물원과 유사한 스펙터클인지 드러나게 된다. 그렇게 되면 근시안을 부추기는 지배적인 현재 상황으로부터 벗어나서 피상적인 차이를 뛰어넘는 뿌리 깊은 유사성을 지각할 수 있을 것이다. 말하자면 우리의 현재를 밝히고 전망하기 위해 역사에 도움을 구하는 셈이다. 그럼으로써 리얼리티 스펙터클의 개념을 어렴풋이나마 그려볼 수 있을 것이다. 다시 말해 그것의 형태와 기능, 그리고 그 결괴를 추출해보게 된다. 문제의 스펙터클이 과거의 것이건 혹은 현재의 것이건, 동물을 전시하는 것이건 인간을 전시하는 것이건, 직접 전시이거나 아니면 TV로 방송되는 것이건 말이다. 스펙터클에서 전시되는 사람은 자연적 환경을 모방한 배경 속에 놓인다. 그는 연출의 지시사항에 따라 조련된다. 관객의 기대에 맞춰 전시된다. 바라보는 사람은 연기에 빠져서 너무도 사실적인 그 스펙터클을 흉내 내고 싶어진다. 보는 사람은 스펙터클 유형분류의 표본에 불과한 진지한 개인들과 자기 자신을 비교한다. 그는 스펙터클에 맞춰 조련된 현실에 동화된다. 하지만 화면에서나 동물원에서나 리얼리티 스펙터클이 보여주지 못하는 것이 하나 있다. 그것은 맹수의, 자유로운 원주민의, 도무지 뭐라 규정할 수 없는 개체의, 항시 동요하는 개체성의 야성적 몸짓이다

제1부 동물원

"그들은 백인들의 나라에 도착했다…… 그들 가운데 나의 할머니의 여동생도 있었다. 그들은 진주와 씨앗으로 만든 목걸이를 걸치고 삼불라*를 가지고서 큰 집에 이르렀다. 그들은 아침부터 하루 종일 춤을 추었고, 그들을 보려고 백인들이 끝없이 몰려들었다…… 백인들은 돈을 벌기 위해 그들을 데려왔다. 칼리나 인디언들은 하루 종일 춤을 추었다……."

—「란가만콘드레(갈리비), 수리남, 1991년 8월」[1]

---

* 옮긴이 | sambula, 북.
1 제라르 콜롱 · 펠릭스 티우카, 『칼리나족, 파리에 온 아메리카 인디언』, 그란, 크레아퍼스, 1992년에서 인용.

인종 전시회

이국성의 연출

1844년 함부르크에서 태어난 독일인 칼 하겐베크는 자신의 회고록에서 자신이 문명세계 첫 번째 "이국적 전시"의 아버지라고 밝히고 있다. 1874년 그는 라플란드인 한 가족과 순록 몇 마리를 자기 정원에 데려다 놓고 그들을 구경하는 데 돈을 받았다. 그는 라플란드인 가족에게 일상품을 가지고 오라고 요구했다. 전형적인 야영 모습과 라플란드인 가족에게는 평범한 갖가지 활동을 관객에게 보여줌으로써 그들을 놀라게 하기 위해서였다. 라플란드인 가족은 가죽과 순록 힘줄을 가지고 눈신발이나 썰매를 만들었다. 어머니는 사람들이 보는 앞에서 젖을 먹였는데, 이는 적어도 올가미로 순록을 잡는 시범만큼이나 관객의 흥미를 끌었다. 이 전시는 엄청난 성공을 거두었다. 몰려드는 관객을 정리하기 위해 경찰을 불러야 할 정도였다. 이 때문에 하겐베크는 정원에다 간이 음식점까지 열게 되었고, 얼마 후에는 사막의 누비아인들을 데리고 와 그와 유사한 스펙터클을 보여주었다. 그 후 그는 최고의 인종 전시회 주최자 가운데 한 사람이 되었다. 40여 년 동안 라플란드인 가족의 스펙터클과 같은 스펙터클들이 유럽 전역에서 어마어마한 성공을 거둔다. 그런데 이 모든 것이 우연히 시작된 것처럼 보인다. "고백하건대 그 아이디어가 내 머리에서 생생히 살아서 나온 건 아닙니다 (…) 사슴을 수입할 생각이라고 털어놓은 내 편지에 대한 (어느 오랜 친구의) 답장이 그런 생각을 하게 만들었지요. 그 친구는 내가 사슴과 함께 라플란드인 가족까지 데리고 온다면 훨씬 더 큰 수익을 보게 될 것이라고 답했죠. 라플란드인 가족은 당연히 텐트와 무기와 썰매와 일상생활에 쓰이는 온갖 도구들을 가지고 올 테고요. 그는 분명 그 모든 것이 그럴듯한 겨울 풍경 속에 놓인, 매우 생동감 있는 그림을 상상했을 겁니다. 이 생각으로부터 그 후 이어지게 된 인류학적 전시회들이 생겨나게 된 것입니다."[2] 사실, 그것은 정말로 우연히 생겨난 것이 아니다. 그 당시, 그리고 이미 15년 전부터 하겐베크는 동물 상인이었으며 야생동물을 전시하고 돈을 버는 사람이었다. 그는 주문에 따라 지구 곳곳을 돌아다니며 동물 수송을 해주는 몰이꾼들의 망을 이용해 독일과 유럽의 동물원들에 동물을 대주었다. 좀 더 나중에 가서 그는 미국을 누비고 다닐 정도로 꽤 유명한 서커스의 단장이 된다. 하지만 무엇보다 그는 슈텔링겐에 자기 소유의 동물원을 만듦으로써 "동물원의 왕"이라는 수식어를 얻는다. 그것은 동물들이 마치 자연 환경에서처럼 자유로운 상태에 있는

---

2 칼 하겐베크, 『창살 없는 우리』, 누벨 에디시옹 드 파리, 1951년, pp.60-61.

것처럼 보이도록 만들어진 혁신적인 공원이었다. 그 공원은 1931년 하겐베크의 아들이 세운 벵센 동물원의 모델이 되었다. 따라서 최초의 인종 전시회들은 우연히 생겨난 것이 아니었다. 그 전시회들은 동물원의 왕이 취급하는 야생동물 무역이라는 환경에서 생겨났으며, 동물 전시와 동시에 마련되었다. 요컨대 그 전시회들은 19세기 말엽 동물원의 발달에서 생겨난, 인간 전시라는 변종에 불과했던 것이다.

물론, 이국적 개인들을 전시한 것이 처음 있는 일은 아니었다. 고대까지 거슬러 올라가지는 않겠지만 15세기에 이미 르네 당주는 터키인들과 바바리아인들과 흑인들을 소유하고 있었다. 16세기에는 이국적인 것에 대한 호기심이 대 발견들을 낳았고, 또한 발견들이 그러한 호기심을 자극하기도 했다. 콜럼버스와 코르테스는 인디언들을 데려와 스페인 궁정에 소개했다. 로마에서는 "메디치가家의 이폴리트 추기경이 자기 정원에 한 무리의 야만인들을 두었는데, 그들은 스무 가지도 넘는 서로 다른 언어를 말했으며 제각기 자기 종족 가운데 가장 멋진 개체들이었다 (…) 무어인, 타타르인, 인디언, 터키인, 아프리카 흑인."[3] 프랑수아 1세는 생-말로에 인디언들을 데리고 있었다. 1세기 뒤, 덴마크 왕은 그린란드 에스키모인들을 전시했다. 1550년 루앙의 상인들은 앙리 2세와 카트린 드 메디시스에게 이국적 상품과 더불어 카리브 해의 동물 그림과 사람을 동반한 전시를 소개했다. 그 전시는 식물이나 화석 또는 박제된 동물들을 가지고 하듯이 제대로 된 분류학적 인종 수집이 되지는 못했지만 당시 호기심만큼은 학문적인 것이었다. 반면, 18세기에는

---

3 귀스타브 루아젤, 『동물원의 역사』 제1권, 『앙시앙 레짐의 동물원들』, 파리, 로랑, 1912년, p.204.

기괴함과 경이로움이 사람들의 관심을 끌었으며, 그로 인해 괴물 전시가 성공을 거두게 되었다. 거인, 난장이, 털로 뒤덮인 아이들, "흰 흑인"들이 전시되었으며, 몸이 붙은 기형 쌍둥이 암송아지나 발이 셋 달린 말도 전시되었다.[4]

그런데 하겐베크의 전시회는 무언가 새로운 것을 가져왔다. 하겐베크의 말에 따르면 그의 전시회가 성공을 거둔 것은 그 전시회들이 "천진하게" 구상되고 준비되었다는 점 때문이라고 한다. 흔히 서커스나 장터에서 행해지는 전시와는 달리 라플란드인 가족은 옷과 자연스런 일거리 이외에는 아무런 연출 없이 "있는 그대로" 보여졌던 것이다. "엄밀한 의미에서의 공연이란 없었다."[5] 바로 그것이 원동력이었다. 성공은 그 스펙터클의 모호한 성격에 달려 있었다. 사람들의 호기심을 끈 것은 인위적인 무엇이나 환상이 아니라 눈에 보이고 있는 것의 진정성과 진실이었다. 사람들은 상품에 속지 않았으며, 가짜 원숭이 인간보다는 약간은 기이한 진짜 개인을 보고 싶어 했다. 별것 아닌 기이함도 환한 불빛 아래 천연 그대로 제공된 전시의 사실성으로 인해, 또한 이국적 인간의 몸을 전시한 데서 오는 진실의 효과로 인해 한층 두드러졌다. 두 가지 사실이 관객을 흥분시켰다. 한편 그 전시는 움직이지 않고서도 여행을 하는 듯한 느낌을 안겨주었다. 사람들은 라플란드인 가족이 바다 건너 수천 킬로미터를 순간적으로 이동하는 능력이라도 있는 것처럼, 마치 그들이 자기네 집에 있는 것처럼 보았다. 다른 한편, 전시

---

4 에릭 바라테 · 엘리자벳 아르두엥-퓌지에, 『동물원, 서양 동물원의 역사(16세기-20세기)』, 파리, 라 데쿠베르트(디딤돌 텍스트 총서 / 생태학 및 사회학 시리즈), 1998년, p.48, 81.
5 칼 하겐베크, 앞의 책, p.62.

1892년 파리 순화원에 전시된 칼리나족
칼 하겐베크의 서커스 포스터

"(…) 하겐베크는 동물 상인이었으며 야생동물을 전시하고 돈을 버는 사람이었다. 그는 주문에 따라 지구 곳곳을 돌아다니며 동물 수송을 해주는 몰이꾼들의 망을 이용해 독일과 유럽의 동물원들에 동물을 대주었다. 좀 더 나중에 가서 그는 미국을 누비고 다닐 정도로 꽤 유명한 서커스의 단장이 된다."

된 개인들은 마치 관찰당하고 있지 않는 것처럼, 아니면 적어도 관중이 그렇다고 믿게끔 행동했다. 그들은 평소 일상생활에서는 드러내지 않는 모습을 보여주었다. 몸단장과 식사, 집안일과 바깥일을 모두 보여주었다. 모든 것이 "마치"라는 가정 속에 있었다. 인종 전시회가 성공을 거둔 것은 그것이 마치 현실인 것처럼 제시된 스펙터클이었기 때문인데, 그와 동시에 그 전시회들은 우리가 스펙터클인 양 관찰하는 현실이기도 하다. 물론, 스펙터클은 일상만큼이나 현실적이다. 하지만 그것은 즉흥적으로 일어나는 사실들의 집합인 "절대" 현실이 아니다. 스펙터클은 흥행 목적으로 만들어진 현실이다. 하지만 여기선 사태가 복잡하게 얽혀 있다. 인간을 전시한 스펙터클이 사람들 마음에 드는 건 그것이 "사실적"이기 때문이며, 제시된 현실이 스펙터클한 것은 그것이 그 범상함 속에서도 평상시와 다르기 때문이다.

1877년부터 1912년까지 스물네 번의 큰 인종 전시회가 파리의 순화원順化院*에서 개최되었다. 그 가운데 열아홉 번은 1877년과 1893년 사이에 있었다. 하겐베크의 누비아인들은 자기 동물원의 재정상태를 회복하려고 애쓰던 조프루아 생-틸레르의 요청에 따라 여러 차례 전시회에 동원되었다. 누비아인들은 수많은 관중과 여러 학자들을 끌어 모았는데, 개중에는 표본 측정을 담당하는 연구소를 맡아 운영하는, 파리 인류학협회의 폴 브로카 박사도 들어 있었다. 그 후, 에스키모인, 남미 팜파스의 목동, 푸에고인, 갈리비족, 아로칸 인디오, 신할리족, 아샨티인, 호텐토트족, 라플란드인, 코사크인, 소말리아인, 다호메이인, 이집

---

* 옮긴이 | Jardin d'Acclimatation, 파리의 불로뉴 숲에 있는 동물원.

트인, 카리브 인디언, 코트디부아르 원주민, 인도인, 갈라인, 난쟁이 전시가 이어졌고, 마지막으로 1912년에는 "흑인" 전시회가 있었다! 순화원은 파리에서 이국적 집단을 전시한 유일한 장소가 아니다. 다른 장소들도 가담하여 스펙터클을 다양하게 만들었다. 1886년 부시맨들을 전시한 폴리-베르제르처럼 훨씬 더 오락적이거나, 1893년 다호메이인들을 대규모로 전시하고 1895년에는 프랑스령 서아프리카의 인종 전시회를 연 샹-드-마르스처럼 규모도 크고 훨씬 화려한 곳도 있었다. 같은 시기에 유럽과 미국도 이국적 집단을 전시하는 스펙터클에 열광했다. 독일에서는 1878년에서 1927년 사이에 50여 개의 스펙터클이 개최되었다. 아샨티인들이 1897년과 1898년에 비엔나 동물원에 전시되었고, 1908년에는 브뤼셀과 프라하, 런던에서 스리랑카인 전시회가 열렸는데 5백만의 관객이 몰려들었다. 하겐베크의 에스키모인들이 1877년에 코펜하겐에서, 그리고 같은 해 브뤼셀과 파리에서 전시되었던 것처럼 전시 집단은 대개 유럽 전역을 돌며 순회공연을 했다. 전시된 이들 가운데 일부는 아예 작정을 하고 높은 값을 받는 직업 배우가 되기도 했다. 미국에서 열린 시카고 만국박람회는 오락에 막대한 공간을 할애했다. 하겐베크는 그곳에다 동물을 전시하고, 장터와 배꼽춤을 추는 무녀들을 내세워 카이로 거리를 재현해놓았다. 또한 다호메이인, 자바인, 알제리인, 아메리카 인디언 등 19개의 "원시인" 마을들도 설치했다. 1904년에 있었던 세인트루이스 전시회는 가장 큰 종족에서 가장 작은 종족에 이르기까지, 가장 발전된 종족에서 가장 원시적인 종족에 이르기까지 인류의 모든 인종을 파노라마처럼 보여준다는 포부를 내세웠다. 그 가운데 피그미족 전시는 대단한 성공을 거두었다. 그 피그미족 무리 가운데 한 사람인 오타 벵가는 일시적이나마 유명세를 얻었으며 물질적 이득도 챙겼다.

각 전시 집단의 정확한 수용 조건과 전시 조건을 알기란 힘들다. 대개 표본들이 갇혀 있지 않았다는 것은 잘 알려진 사실이다. 때때로 방책이나 철창이 있었지만 그건 오히려 그들을 만지거나 반응을 보려고 하는 관중들로부터 그들을 보호하기 위한 것이었다. 세인트루이스 장터에 전시된 인디언들은 방문객들이 자기들의 토템이나 바구니를 훔쳐 가지 못하도록 그들 캠프 주위로 울타리를 쳐줄 것을 요구하기도 했다. 때로는 전시된 존재들의 야성을 부각시키는 데 방책이 이용되기도 했다. 오타 벵가가 뉴욕 동물원에 전시되었을 때 동물원 측은 그가 한 우리에서 오랑우탄과 함께 하루의 몇 시간을 보내도록 부추겼다. 그들은 그에게 바지와 윗도리를 입히고 활과 화살을 쥐어주고는 밀짚 인형에 대고 활 쏘는 연습을 하게 했다. 그러고는 대대적인 선전으로 관객을 끌어 모았다. 우리 속의 그는 서양인으로 분장한 위험한 야만인으로 지각되었다. 그렇지만 그는 전시가 시작되기 전까지는 공원 안을 자유롭게 거닐었고 사람들 눈에 띄지 않은 채 동물들과 방문객들을 구경했다. 작은 키 때문에 사람들은 그를 그저 어린아이로 여겼던 것이다.

전시되는 원주민들은 그들 일상생활의 실제 모습을 보여준다는 의도에 따라 배치되었다. 광고되는 사실성에는 단지 전시되는 인체의 사실성만이 아니라 배경의 사실성까지 포함되었다. 전시 기획자들은 사람과 함께 가져온 주거시설을 직접 설치하거나 이국적 장소를 모방한 웅장한 배경을 건축하기까지 해서 사실적이면서도 인위적인 환경 속에 원주민들을 집어넣었다. 하겐베크의 소말리아인들은 "연극처럼 세워진

배경 속에 전시되었는데, 다만 석고와 창살이 사용되었으며 7백 미터 이상으로 넓었다. 야자나무와 다양한 식물들로 장식된 진짜 소말리아 마을이 건설되었던 것이다. (이렇게 해서) 관객들은 진짜 공연에 참석하는 것이 아니라 이국적인 부족의 일상생활을 본다는 매우 생생한 느낌을 받았던 것이다."[6]

소위 인종 전시회라 불리는 전시회들은 모두가 모호한 성격을 띠었다. 첫째로, 인종 전시회는 모두 당연히 수익에 목적을 둔 상업적 시도였다. 이 관점에서 볼 때 인종 전시회는 성공적이었다. 1878년에만 백만 명의 관객이 순화원을 다녀갔다. 이미 잘 알고 있는 동물보다는 가우초들과 라플란드인들에 이끌려 방문한 것이다 하겐베크는 인간 전시 덕에 적자였던 동물 무역을 되살렸다. 이 스펙터클들은 주연 배우들의 임금이 싸다 못해 심지어 "자원봉사"였기에 그만큼 수익이 높았다. 배우들에게는 먹을 것과 몇 푼만 주면 충분했다. 하지만 인종 전시회들은 강력한 교육적 포부도 내세웠다. 예컨대 진실을 보여준다고 주장했던 것이다. "이것은 단지 주민들만이 아니라 그들의 풍습과 관습까지도 옮겨다 놓은 흑인 마을로서, 먼 나라에 오래도록 체류해야만 알 수 있는 수천 가지 사실들을 보여주므로 그에 대한 연구는 곧 인간에 관한 학문인 셈이다."[7] 전시회의 뒤를 이어 그림들과 설명책자들이 현장에서 판매되거나 출판되었다. 그 책자들은 관객들이 보고 있는 것을 설명해주고 전시회에 학문적 보증을 제공해주었다. 사실, 기사와 소개글은 그

---

6 칼 하겐베크, 앞의 책, p.80.

7 펠릭스 르뇨, 「파리 샹-드-마르스에서 개최된 A.O.F 전시회 : 프랑스령 수단과 세네갈」, 『자연』, 1895년. 이자벨 갈라, 『동물원의 야만인들 : 1877년에서 1912년까지 순화원의 민속 전시회들』, 파리, 민간 전통과 예술 박물관, p.58에서 인용.

것이 학술지에 실리느냐 아니면 일반 신문에 실리느냐에 따라 그 수준
이 다양했다. 하지만 그 차이가 어떠하건 그 글들에는 한결같이 광고와
교육과 편견이 뒤섞여 있었다. "갈리비족 집단이 (…) 온 파리 사람을
달려오게 하기 시작했다. (…) 선사시대 종족 가운데 마지막 남는 생존
자들을 보기 위해 카리브 해에 잠시 머물면서 경험을 쌓고 싶어 하는
파리 사람들을 어떻게 처리해야 할지 모를 정도였다."[8] 전시의 합법성
은 무엇보다 그들이 내세우는 학문적 유용성에 근거를 두고 있다. 인류
학자들은 매 전시마다 쫓아다니며 인종의 수직체계를 세우는 걸 주된
목표로 삼고 인체측정을 실시했다. 그 수직체계의 맨 꼭대기는 백인이
차지해야만 했다. 세인트루이스에서 "피그미인들과 인류학의 또 다른
주된 손님들은 '시력과 청력, 촉각과 기온에 대한 민감도, 감각적 인상
에 대한 반응의 빠르기 등을 측정받았다.' 그 결과 '교양 있는 인간과
야만인'을 구분해주는 통계학적 방법과, '개인의 문화지수라고 부를 만
한 것'의 수치적 지표가 생겨났다."[9] 사실, 전시는 무엇보다 관객에게 강
한 인상을 주고 감탄하게 할 목적으로 스펙터클한 무대연출을 하는 것
이다. 현실을 가지고 장난을 치는 한이 있더라도 말이다. 의상은 인위적
일 정도로 세심하게 고려되었다. 1883년, 사람들은 순화원에 전시된
"아메리카 인디언들"이 충분히 "야성적"이지 않다고 판단했다. 그래서
좀 더 신뢰가 갈 만하게 만들기 위해 "지역 색채를 한층 보강해줄 온갖
장식을 단 부족 의상을 그들에게 입혔다. (…) 파리에 전시된 인디언들

---

8 E. 타이유부아, 「파리의 카리브인들」, 《대중과학》, 1882년, 세129호, p.386. 「무대와 유형」, 『타인과 우리』, Achac(현대 아프리카 역사를 바로 알기 위한 모임), 파리, 시로스, 1995년, p.147.
9 필립스 버너 브래드퍼드 · 하비 블럼, 『오타 벵가, 동물원의 피그미인』, 파리, 벨퐁, 1993년, p.134.

의 주된 관심사는 가능한 한 인디언처럼 보이려고 애쓰는 것이었다."[10] 그들은 틀에 박힌 행동을 했다. 전형적인 인디언 식사라며 마치 무슨 대단한 사건이라도 되듯 공고되는 식사는 정해진 시간에 공개적으로 이루어졌다. 전시의 신빙성을 감소시킬 우려가 있는 행동들은 제거되거나 감춰졌다. 특히, 전시된 원주민들은 정도의 차이는 있지만 어느 정도 눈길을 끄는 묘기를 보여주었다. 그 묘기란 무기를 들고 포즈를 취하는 것에서부터 무사의 춤을 추거나 말 타는 모습을 과시하거나 악사들과 곡예사들, 또는 뱀을 부리는 사람들과 같이 서커스를 하는 것에 이르기까지 다양했다.

전시된 무리는 처한 상황에 같은 방식으로 대처하지 않았다. 어떤 이들은 아예 드러내놓고 공연을 했다. "(아로칸) 인디오들은 자신들이 보여지기 위해 그곳에 있다는 사실을 매우 잘 의식하고서 상황을 이용하려고 애쓰면서 요구사항을 만족시키려고 노력했다."[11] 그들은 곡예와 춤과 심지어 신체를 측정하는 일까지도 보수를 지급하기를 요구했다. 같은 아로칸 인디오들은 관객을 즐겁게 하는 야만적인 춤을 추고는 관객들 사이로 돌아다니며 돈을 받기도 했다. 그들은 자신들을 지켜보는 백인들에게 마치 이렇게 말하는 것 같았다. '당신들이 돈을 주면 우리는 당신들을 전율케 하는 야만인 연기를 해주겠다.' 전시를 마지못해 감내하는 사람들도 있었다. 거의 강제로 납치된 사람들도 있었는데, 그들은 겁에 질리고 절망한 채 관리인들이 그들을 다시 집으로 데려다주

---

10 루이 마누브리에, 「순화원의 아메리카 인디언에 관하여」, 《인류학회지》, 1885년, p.306. 이자벨 갈라, 앞의 책, p.27.
11 이자벨 갈라, 앞의 책, p.27에서 재인용.

기를 바라며 시키는 대로 따랐다. 여행을 거의 외교적인 초대로 받아들인 이들도 있었는데, 프랑스를 구경시키려고 초대한 손님처럼 환대받으리라고 생각한 갈리비 인디언들이 그랬다. 그들은 처음엔 놀라고 반항하다가 곧 체념했다. 이 불길한 모험은 대개의 경우 비극으로 변했다. 사람들은 기후나 질병에 희생되어 집으로 돌아가지 못하는 그들을, "문명" 세계와의 충돌로 송두리째 뿌리가 뽑혀버린 그들을 고려하지 않았다. 에스키모인 미닉은 어려서 뉴욕으로 오게 되어 부모와 고향사람들을 잃었다. 그러다 어렵게 집으로 돌아갔으나 동족들로부터 거부당해 미국으로 되돌아왔고, 그곳에서 스페인 독감에 걸려 비참하게 죽었다. 세인트루이스 전시회의 스타였던 피그미인 오타 벵가는 미국에서 농부로 살려고 시도하다가 고향땅으로 돌아가는 게 불가능하다는 걸 깨닫고는 심장에 총을 쏘아 자살했다.

1912년 순화원에서 있었던 마지막 전시는 인종 전시회의 시대가 끝났음을 예고했다. 사람들은 아프리카 종족을 대표하는 것처럼 전시된 아주 키 작은 "깜둥이"들을 보려고 그곳을 찾았다. 사실 그것은 이미 "허구 현실"인 것을 힘겹게 재현하려는 패러디의 패러디였다. 그 당시에조차도 이미 "깜둥이 광대"[12]라는 말이 나돌았다. 그들은 비범한 깜둥이가 아니었다. "어쩌면 전시를 위한 특별 인종이었다. 그들은 북을 치고 춤을 췄으며, 엽서를 팔고, 담배를 요구했다. (…) 그들 중 많은 이들이 우리 어린 시절의 야만인들을 생각나게 했는데, 그들은 의상을 제대로 갖춰 입기 위해 우리가 어린 시절에 보았던 그림책을 참조한 게 틀

---

12 아마도 19세기의 유명한 광대 커플, 푸티와 쇼콜라를 염두에 두고 한 말인 듯싶다. 둘 중 쇼콜라는 분장을 하지 않은 흑인으로 뺨을 얻어맞는 오귀스트의 역할을 맡았다.

림없었다."[13] 사실, 인종 전시회가 한물간 건 이미 20년도 넘는 일이었다. 시대는 더 이상 먼 데서 온 낯선 야만인의 스펙터클을 원하지 않았다. 프랑스는 이제 방대한 식민지를 소유하고 있었으므로, 그 영토들과 착취할 그곳 주민들에 대한 여론의 관심을 키우는 것이 관건이었다.

1855년의 첫 프랑스 만국박람회에서 1937년의 식민지 전시회에 이르기까지 11번의 국가적 행사가 프랑스 식민제국의 면모를 드러냈다. 그 교육적 스펙터클들은 프랑스인에게 그들 제국의 방대함과 다양성을 알게 하려는 임무를 띠고서 건축, 텍스트와 이미지, 동물과 사람을 한데 섞어놓은 형태였다. 이러한 형태의 스펙터클은 1900년경에 정복한 영토의 확장 중단과 평화 회복의 움직임에서 요구된 것이다. 그것은 어떤 면에서 싸워야 할 야만인들을 전시했던 인종 전시회들을 대체하는 것으로, 이제는 길들여야 할 피정복인들을 보여주어야만 했던 것이다. 이러한 스펙터클을 이끄는 것은 경제적, 미학적, 인간적인 차원에서 프랑스 식민지 전체에 대한 총체적 소개를 하겠다는 생각이었다. 달리 말하자면, 유용한 생산품, 동물, 민족 유형, 주거지, 특이한 물건 등과 더불어 식민지 전체를 미니어처로 복원해내려는 것이다. 이 허구적 집약의 목적은 제국의 생산성과 단일성을 보여줌으로써 그 방대함과 다양성을 찬양하려는 데 있었다. 1889년 만국박람회를 두고 으젠 모노는 집약의 성공이라고 말한다. "최고로 정확한 과학이 최고로 완벽한 예술과 결합하여 그들 문명을 대표하는 진정한 기념물인 아프리카와 아시아의 왕궁들을 만들어냈다. 이 건축 요소들의 병렬에서 나오는 특징의 단일

---

13 레옹 베르트, 「순화원의 흑인들」, 《라 그랑드 르뷔》, 1912년 8월 10일, pp.609-612. 이자벨 갈라, 앞의 책, p.27.

성은 흠잡을 데 없이 만족스럽다."[14] 프랑스 내에서의 기동력과 잡다한 요소들을 한 장소에 모으고 하나의 범주로 조직하는 능력 덕에 식민지 공간에 대한 통제력이 무대에 올려졌던 것이다.

가장 성공적이고 가장 방대한 전시회는 총사령관 리요테가 원해서 맡은 국제 식민지 및 해외국 전시회였다. 그것은 1931년 5월에서 11월까지 도메스닐 호수 근처 벵센 숲에서 열렸다. 이 전시회들에서 남은 것은 무엇보다 전시회용으로 세워진 이국적인 임시 건물들의 상투성이다. 1889년, 1922년, 1931년에 복원된 앙코르와트처럼 웅장한 왕궁들도 있고, 1931년 니제르의 젠네 이슬람 사원처럼 현존하는 모델에서 영감을 얻은 왕궁들도 있었다. 탑들과 별궁들, 정원들과 식당들, 모로코와 알제리와 튀니지의 장터를 복원한 노점 거리들도 있었다. 빠져서는 안 될 아프리카 마을의 초가지붕 오두막과 같은 "전통" 가옥들도 있었다. 모든 전시회에서 건축물의 대부분은 오래 보존하기 위해 만든 것이 아니었다. 행사가 끝나는 대로 파괴하도록 예정된 것이었다. 왕궁의 모사본을 위해서는 콘크리트와 나무로 된 뼈대에 스태프[*]를 발랐다. 조각물과 하단 부조들도 그렇게 만들 수 있었다. 필요한 경우엔 원재료가 재생되기도 했다. 젠네 이슬람 사원의 홍토벽은 석회와 시멘트를 섞어 모방했고, 붉은 색채는 물감을 분무기로 뿌려 만들어냈다. 이웃하는 동물원과 마찬가지로 가짜 바위들도 만들어 색칠했으며, 이국적인 베일로 정면을 가리고, 연못을 파고, 잔디와 정원도 가꾸었다. 중요한 것은

---

14 자크 토비 · 질베르 메니에, 『식민지 프랑스의 역사』 제2권, 파리, 아르망 콜랭(아고라), 1991년, pp.130–131.

[*] 옮긴이 | 식물섬유와 석고의 혼합물로 장식용이나 산업용으로 쓰인다.

1931년 파리 식민지 전시회의 모조 앙코르와트 사원

1931년 파리 식민지 전시회의 건물 배치도

"가장 성공적이고 가장 방대한 전시회는 총사령관 리요테가 원해서 맡은 국제 식민지 및 해외국 전시회였다. 그것은 1931년 5월에서 11월까지 도메스닐 호수 근처 뱅센 숲에서 열렸다."

프랑스 건축가들이 이 건축물들의 진정성을 주장한다는 데 있다. 반쯤 파괴된 앙코르와트가 실물보다 더 진짜처럼 복원되었다. 건축가들은 전체적 비율은 사진에 근거를 두고, 세부사항들은 반세기나 된 고고학적 주형들에 근거를 두고 제작했다. 관객은 파괴된 이슬람 사원에서 영감을 얻어 프랑스인들이 건축한 신-니제르 건물의 복제품임에도 전시된 서구 아프리카 왕궁을 진짜 젠네 이슬람 사원으로 여겼다. 무어인들의 집 정면은 낡고 벽도 비뚤비뚤했으며, 전체적으로 제대로 완공되지 않았고 심지어 손상된 것처럼 보였다. 겨울에 도료를 발라 곰팡이까지 피게 했다. "지붕 위의 녹청綠靑에는 놀라운 진품의 흔적이 배어들어 있었다."[15] 전통가옥과 탑들은 대개 원재료를 사용했지만 전시회의 필요나 관객의 취향에 맞춰서 만들어졌다. "세네갈과 수단의 별궁은 반은 정확하고 반은 상투적인 아프리카 건축물이었다. 전시된 수집물 가운데로 관객들이 돌아다녀야 한다는 필요성 때문에 원본에 충실한 복원이 금지되었다. 실물보다 더 넓고 출구를 더 많이 갖춘 건축물들로 대체되었다."[16] 건축가들은 진정성을 주장하는 동시에 대개 케케묵었다거나 혹은 몰락해가는 것이라고 판단되는 토착민의 건축물을 자유롭게 개선하곤 했다. 요컨대, 진정성을 융통성 있게 조정했던 것이다. 그러면서 그들은 사라져가고 있는 안남인들의 주거 형태와 기념물들을 유적지로 보여줘야 한다는 필요성을 내세웠다. 1931년의 알제리 왕궁과 마찬가지로 이 경우에도 그들은 건물이 짜릿한 호기심과 이국정서를

---

15 『전체 보고서』 제5권. 카트린 오데르 · 미셸 피에르, 『식민지 전시회』, 파리, 에디시옹 콩플렉스(세기의 기억), 1991년, p.49.
16 「전시회의 우리 식민지들」, 《일뤼스트라시옹》, 1900년 8월 18일, 제2999호.

불러일으키는 그 지역 양식과 현대적이고 서구적인 건축을 종합한 결과로 기품과 견고함과 지속성을 보장한다는 점을 강조했다. 전시회의 놀라운 조명 장식 또한 잊지 말아야 한다. 매우 세심하게 준비된 건물 조명과 다양한 색조명을 비춘 분수가 전시의 "사실성"을 그야말로 스펙터클한 환상적 분위기로 뒤덮었다. 식민지 제국의 진짜 이미지는 외국의 복원이 아니라 원주민의 건축물들을 지키고 평가하고 개선하는 식민지의 강력한 힘을 보여주는 마술적 스펙터클인 것이다.

다소 손질되어 보기 좋아진 이 진정성은 식민지 삶의 정수를 집약한다는 전시회의 주장을 뒷받침해주었다. 관객의 이동이 이루어졌다. 그들은 뱅센에서, 그것도 한 시간 만에, 모로코에서 인두차이나로, 그리고 서아프리카까지 옮겨갈 수 있었다. 역으로 식민지는 프랑스 땅으로 옮겨져 왔다. 식민지는 정복자 문명의 비판적 눈에 비친 모든 군더더기를 벗은 채 몇 백 평방미터밖에 차지하지 않았다. 1931년, "처음으로 파리에서 모로코가 전모를 드러낼 수 있었다."[17] 1900년에 튀니지 관을 돌아보면서 한 방문객이 이런 말을 했다. "튀니지의 한 마을 전체를, 아니 심지어 모든 마을을 집약한 게 분명합니다."[18] 제국주의 세력은 너무도 방대한 문화를 소화하려다 보니 그걸 오래도록 씹어야만 했다. 전시회의 관객은 위胃였고, 여론은 장腸이었으며, 이 둘은 틀에 박힌 식민지 제국의 이미지를 삼키고 흡수하고 전파하는 임무를 맡았다. 이때 압축은 현실과 동일한 가치를 지녔으며, 단순화는 교육의 가치를, 선전은 합법화의 가치를 지녔다.

17 『파리 국제 식민지 전시회의 비망록』, 파리, 1931년, p.58.
18 「전시회의 튀니지」, 《일뤼스트라시옹》, 1900년 9월 15일, 제3003호.

식민지 전시회는 하나같이 교육적이고자 했다. 그 전시회들은 "유용한 선전과 분별 있는 교육"이 되고, "특히 프랑스 엘리트 젊은이들에게 식민지 확장의 가치와 필요성을 느끼게 해주려는"[19] 목표를 가지고 있었다. 그러한 목표를 위해 전시관마다 식민지의 경제적 발전을 내세우는 온갖 설명글과 통계와 도표가 마련되어 있었다. 그 자료들은 모든 식민지가 본국의 활동 덕에 발전하며 그 대가로 식민지는 특산품을 가져다준다는 내용을 입증하고 있었다. 식민지를 부유하게 만듦으로써 본국이 부유해진다는 것이다. 게다가 전시회들은 식민지 문화를 알린다고 주장했다. 왜냐하면 리요테가 말하듯이 "우리의 활동은 다른 형제들에게 있을 수 있는 우리보다 나은 점에 늘 눈을 열어두고, 그들의 지위와 전통, 그들의 풍습과 믿음에 우리를 맞추려는 배려를 한다는 조건하에서만 정당화되기 때문이다. 한마디로 그들을 이해해야 하는 것이다."[20] 그리고 식민지 피지배자들을 "이해"하는 데는 가장 진부한 무대를 보여주는 것만큼 나은 것도 없어 보였다. 관객을 "사실적이고도 생생한" 식민지 시골과 도시의 분위기에 파묻히게 하기 위한 디오라마 diorama들이 넘쳐났다. 위풍당당한 도시들, 활기 찬 거리들, 행복한 노동자들이 생기 넘치고 웃음 띤 식민지의 얼굴을 보여주었다. 또한 디오라마보다는 덜 매혹적이지만 훨씬 설득력 있는 사진 갤러리들도 있었다. 사진들은 대개 사람들이 기대하는 포즈를 모델들이 취하고 있는 전형적인 장면들을 보여주었다. 터번을 쓴 "아랍인"이 바닥에서 자질구레한 물건들을 팔고 있고, 아프리카 추장이 많은 부인과 수많은 아이들에

---

[19] 《르 피가로》, 1931년 6월 29일.
[20] 알베르 켕, 『파리의 국제 식민지 전시회 안내책자』, 1931년, p.2.

둘러싸여 있고, 반나체의 "야만인"이 창이나 활을 흔들어대고 있었다. 마지막으로 1931년에는 젠네 사원의 축소판 모형 안에 영화관이 설치되어 "원주민 생활의 전형적인 장면을 보여주었다."[21]

광고 문구가 말하고 있듯이 1931년의 전시회는 "원주민의 삶을 보여주는 생생한 파노라마"[22]였다. 전시회의 배경은 사람으로 채워졌다. 그렇지 않으면 가장 매혹적이고 기분을 전환해주며 보기 좋다고 판단되는 부분이 빠지게 될 것이었다. 식민지의 행렬은 대규모였다. 1931년에는 4백50명의 인도차이나인들과 2백 명의 프랑스령 서부 아프리카 "원주민"들이 전시되었다. 단역 모집은 세심하게 이루어졌다. 식민지 개척자들과 좋은 관계를 맺고 있어서 선택된 원주민들은 대개 프랑스식으로 교육받았으며, 일부는 학위까지 가졌고 프랑스에서 학문을 계속하기를 바랐다. 그들은 작업시간에 따라 보수를 받았고, 일주일에 하루는 쉬었으며, 전시회장에서 떨어진 곳에 주거지를 가졌고, 정기적인 진료도 받았다. 그들은 스펙터클을 위한 무대 의상과 일상생활을 위한 유럽식 의복을 받았다. 그러나 어떤 외출이건 허락을 받아야만 했다. 하루 일과를 끝내고 나면 샤워를 하고 옷을 갈아입고, 휴식을 취하고, 규정에 "맞춘" 절제된 음식을 내놓는 특별 식당에서 저녁을 먹었다.

식민지 배경에 생기를 주기 위해 출신국의 식물상相과 동물군群이 원주민과 함께 전시되었다. 이국적 식물들을 심어 그 지역 식물상을 잊게 만들었으며, 살아 있는 동물들이 전시회장을 돌아다녔다. 관람객들은 낙타나 코끼리 등을 타고 별난 산책을 할 수도 있었고, 동물원의 맹

21 『파리 국제 식민지 전시회의 비망록』, 파리, 1931년, p.85.
22 《르 피가로》, 1931년 6월 4일.

수들은 야성이 주는 전율을 느끼게 해주었다.

원주민들의 참여는 근본적으로 퍼레이드를 하고 일을 하는 것으로 요약될 수 있었다. 전시회는 많은 축제와 스펙터클, 행진, 시끌벅적한 축제로 이어졌다. 자바나 일본의 연극단은 공연을 하고 진짜 성공을 거두었다. 무용단과 가수들은 각 전시관과 행진에 활기를 불어넣었다. '뱅센 자전거 경기장의 식민지 대축제는 (…) 어느 인도차이나 거물급 인사의 행렬을 재현하는 것부터 시작되었다 (…) 긴 나팔을 부는 하인들과 베한진*만큼이나 근엄한 장관들을 거느리고 궁정 측근들에 둘러싸인 채 노란 닫집 아래 등장한, 모시족의 모로나바와 더불어 검은 아프리카가 모습을 드러냈다. 왕실 경호대의 여전사들은 열광적인 춤을 추었고, 차드 지역의 전사들은 전투와 사냥을 광적으로 흉내 냈다."²³

또 다른 원주민들은 현실을 복제한 배경에 활기를 불어넣었다. 그들은 전형적인 전통식당에서 그 지역 요리를 내왔다. '정글 브라스리'는 틀에 박힌 의상을 갖춰 입은 종업원들이 지나다니는 조잡한 배경 속으로 방문객들을 맞이했다. 그곳에서는 지역 요리를 먹을 수 있고 이국적인 음악을 들을 수 있었다. 또 어떤 원주민들은 방문객들 앞에서 서양의 도시인들을 놀라게 하기 좋은 방식으로 전통 물건을 만들었다. 보석 세공인, 자수인, 직조공, 도공, 세공인은 자기네 일상적 활동으로 스펙터클을 보여주라는 요구를 받았다. 그들은 수도 없이 반복된 그 몸짓들을 연기해야만 했고 그것이 사람들의 관심을 끌수록 돈을 많이 거둬들였으므로 마음속에서 일상을 공연으로 바꾸어야만 했다. 그들은 관객

---

* 옮긴이 | Behanzin, 프랑스군 앞에서 당당한 모습을 보였던 다호메이 왕국의 마지막 왕.
23 《르 피가로》, 1931년 7월 27일.

인 손님들을 위한 장인匠人 배우가 되었다. 상반된 평가를 받는 차림을 한 판매원들이 재현된 시장에 활기를 불어넣었다. "시장패거리들은 이웃 알제리와 같았다 (…) 튀니지 사람들이건, 알렉산드리아 사람들이건 (…) 혹은 소아시아 사람들이건 추잡할 정도로 친근하게 구는 이 모든 근동 지방 사람들은 물건을 보여주며 사라고 권하는 것으로 그치지 않는다. 그들은 자기들 좌판으로 이끌기 위해 기꺼이 남자들의 팔을 붙들고 여자들의 허리를 붙든다."[24] 하지만 이런 비판도 전시회의 진정성의 증거로 작용한다. 장터뿐만이 아니라 그곳을 지배하는 분위기까지도 재현되었다고 얘기되는 것이다. "튀니지 장터를 가면 마치 직접 그곳에 옮겨간 듯한 느낌이 들 것입니다. 낯선 느낌과 기복함과 위험마지도 느낄 수 있을 것입니다." 마지막으로, 좀 더 드문 일이긴 하지만 식민지 제국의 가장 야성적인 부분을 묘사하는 단역들도 있다. 아마도 평화 회복을 보여주기 위해서인 듯 이 부분은 점차 축소되었다. 1889년에는 자바인들과 세네갈인들이 여전히 야만인으로 소개되었다. 1931년에 이르러서는 전혀 근거 없는 연출에 따라 원시인이자 식인종으로 전시된 건 거의 카나크족밖에 없었다. 하지만 시대는 더 이상 그런 걸 원치 않았기에 그 스펙터클은 예고되지 않은 것으로 전시회장 밖의 순화원에서 즉흥적으로 이루어졌다. 그것은 사람들을 어느 정도 끌어 모으긴 했지만 격렬한 비난을 불러일으켰다. 옛 식민지 개척자들과 교회와 인권 옹호단체들은 거기서 거짓되고 품위 없는 스펙터클을 보았다. 그리하여 그 전시는 1931년 11월에 서둘러 막을 내렸다.

24 「전시회의 튀니지」, 《일뤼스트라시옹》, 1900년 9월 15일, 제3003호.

어쨌건 단역들에게 가해지는 억압은 언제나 같은 것이었다. 자연스러워 보여야 한다는 것, 다시 말해 그들에게 주어진 역할로 관객의 눈을 현혹시켜야 한다는 것이었다. "실물을 보고서 사진가나 만화가, 신문기자나 혹은 단순한 방문객은 수천 명의 구경꾼들이 지켜보는 가운데 일상생활을 하는 것이 주 업무인 '원주민을 자연 그대로' 포착했다고 이해한다.[25] 눈을 현혹하기 위해서는 원해서건 아니건 자연보다 더 진짜처럼 보이는 것이 최상의 방법이다. '원주민 상인' 역할을 해야 하는 단역은 이런 말을 덧붙인다. '오세요, 신사 숙녀 여러분, 가까이 오세요! 양탄자를 사세요! 진품이에요! 원시림에서 만든 것입니다! 고원지대 흑인 여자들이 만든 거예요! 저도 거기서 왔습니다. 겨우 두 달 전에 붙잡혀 왔지요!"[26] 만약 고분고분한 인도차이나 사람이라면 그는 잰걸음으로 걸으면서 끊임없이 눈웃음을 치며 감사인사를 할 것이다. 부인 옆에서 포즈를 취하고 돈을 받을 만큼 진짜 인도차이나 사람으로 인정받으려면 커다란 밀짚모자를 쓰고 물지게를 진 사람의 연기를 하는게 최선이다. 식인종인 카나크족의 역할을 맡은 단역배우는 아무리 프랑스식으로 교육받은 선한 가톨릭 신자라 할지라도 괴성을 내지르고 으르렁거리며 대퇴골 같은 뼈를 갉아먹는 척한다. 전시회의 행동과 이국적 생활양식은 건축과 마찬가지로 키치kitsch로 치장되었다. 하지만 퇴조가 멀지 않았다. 마지막 식민지 전시회는 1937년의 만국박람회의 일부분에 불과했다. 이국적 무대장식은 벵센 때보다 빈약해지고 한층 더 틀에 박힌 것이었다. 비시Vichy 정권 이후, 그리고 식민지 해방이

25 카트린 오데르, 「식민지 전시회의 아프리카」, 《파스렐》, 1998년, 제16호, p.254.
26 우스만 소세 디옵, 『파리의 신기루』, 파리, 1937년, p.36. 카트린 오데르, 앞의 책, p.258에서 인용.

시작되고 나서 프랑스 식민지의 이미지는 바뀌어야만 했다. 인종차별적이고 가부장적이고 멸시조의 문헌들은 발전이라는 경제적 테마 뒤로 사라졌다. 하지만 하겐베크의 전시회부터 마지막 식민지 전시회에 이르기까지 야만인의 생생한 연출과 이국취향의 전시회는 이데올로기와 정치적 상황에 유용하게 쓰일 수 있는 여러 인간 유형을 낳았다. 그 전시회들은 인종에 관한 상투적 생각들을 퍼뜨렸는데, 그것들은 여론에 의해 소화되어 지금까지도 우리들의 표현 속에 남아 있다. 스펙터클이 결코 순진무구하지 않다면 리얼리티 스펙터클은 더더욱 그렇다.

야만인의 이미지

1891년 다호메이에서 식민지 전쟁이 한창이던 무렵 몇 명의 다호메이 전사들이 순화원에 전시되었다. 그들은 야만적인 춤을 추고 전투를 했는데, 사실은 연기를 한 것이었다. 그들은 이웃 민족의 대표들인데 틀에 박힌 의상을 입고 다호메이족을 특징짓는 행동을 하도록 지시받았다. 프랑스가 치열한 전쟁을 벌이고 있는 적을 야만족으로 만들려고 애쓰는 게 분명했다. 1893년에도 여전히 순화원에서 코트디부아르의 원주민들을 볼 수 있었다. 평화적인 그들에게 사람들은 전사의 춤과 전투를 흉내 내기를 요구했다. 그들은 흑인이었기에 모든 흑인들이 그렇듯이 공격적이고 잔인해야만 했던 것이다. 그 시대의 "흑인 유형"이 그러했기 때문이다.[27] 프랑스는 서아프리카로 한참 영토 확장을 하고 있었다. 동기가 무엇보다 경제적인 것이긴 했지만 1789년 혁명의 "계승자"인 제3공화국은 무엇보다 야만스런 원주민이라는 이미지를 만들어 냄으로써 정복과 폭력을 정당화했다. 물론 그 이미지는 식민지 정복 이전에도 있었지만 군대 개입을 강화하는 일은 원주민에 대한 케케묵은 잔인성의 이미지를 증폭시키는 것과 잘 맞아떨어졌다. 아프리카 대륙에 프랑스의 세력을 확장하려는 일의 합법성은 우리가 그 대륙에 부여하는 무지몽매함에 달려 있었던 것이다.

인종 전시회들은 야만성의 증거 역할을 했다. 그 전시회들은 문명인과 원시인 사이의 격차를 무대에 올렸다. 전시에서 보여주려는 것이 진실성의 인증과 더불어 보여질 수 있도록 현실은 손질되어서 제시되었다. 관객과 비슷한 점들은 흐릿하게 만들고, 원주민의 행동과 활동의 의미를 밝혀줄 맥락도 감추어버렸다. 그리고 신체적 외관과 의복, 행동에 있어 서양의 관습과 먼 모든 것을 부각시켰다. 또한 문명의 기호들과 야만의 흔적들을 나란히 배치함으로써 강렬한 대조를 만들어내기도 했다. 1912년 식물원에서 있었던 "흑인" 전시회는 이미 예고된 퇴조, 원주민을 사나운 야만인으로 묘사하는 것의 퇴조를 알렸다. 식민지 개발이 점차 확대되어가고 있어 "이제는 더 이상 야만인을 보여주는 게 관건이 아니었다. 그렇게 한다면 곧 문명화의 담론이 실패했다는 의미가 될 것이기 때문이었다. 게다가 전쟁도 있었다. 프랑스는 흑인 군대를 보유하고 있었는데, 프랑스를 지켜줄 군대를 계속해서 '식인종'이라고 말할 수는 없었던 것이다.[28]

야성적 난폭성이 여전히 "흑인 유형"의 일부로 남아 있긴 했지만 "흑

---

27 이러한 흑인 유형의 위장偽裝에 대해서는 이자벨 갈라, 앞의 책, pp.44-57 참조.
28 파스칼 블랑샤르. 레지스 기요타의 2000년 1월 16-17일《르 몽드》기사에서 인용.

인 유형"은 제국주의적 필요성에 부합하기 위해 한층 복잡해졌다. 또한 겹의 묘사가 야만인이라는 묘사 위에 덧붙여졌다. 원시인의 오래된 특징이 다시 활성화되었다. 원시인의 몸과 움직임, 표정, 영문 모를 말, 생활방식은 기괴했다. 원시인은 무섭기보다는 우스꽝스러워졌고, 사람을 달아나게 하기보다는 웃게 만들었다. 두려움과 몰이해가 정상적인 문명화된 모든 조건으로부터 야만인을 멀어지게 하고 있었다. 그는 백인 앞에서 전혀 다른 존재가 되었다. 그런데, 이 강력한 이질적 연관에서 관계는 호전적이거나 아예 존재하지 않았다. 야만인들을 관리하고 싶다면 그들과 뒤섞이지 않고서 접촉해야 했다. 두려움이 관계의 부재를 초래했고, 웃음이 거만한 우월의식을 낳았다. 그로부터 혐오감이나 두려움은 여전한 채 타인을 지배하기 위한 조롱이나 동정이 섞인 이중적인 감정이 자리를 잡았다. 혐오감이나 두려움은 넘어설 수 없는 거리를 만들었다. "오타 벵가는 식인종이다. 오늘날 미국 땅에 있는 유일한 진짜 아프리카 식인종이다. (…) 겁나는 게 당연하지만 오타 벵가는 불쌍하다. (그는) 수치심에 고개를 숙인다. 왜냐하면 인육을 먹는다는 것이 완전히 시대에 뒤떨어진 일이라는 걸 그도 깨닫고 있기 때문이다. 그의 종족은 아프리카의 가장 어두운 지역에서 시간을 벗어나 살고 있다. (…) 가련한 식인종을 불쌍히 여기자!"[29]

특히나 기괴함과 우스꽝스러움은 커다란 아이 같은 흑인, 순진하고 본능적이며, 잘 웃고 생기 넘치며, 악하기보다는 무책임하고, 야만적이기보다는 어린아이 같은 흑인의 얼굴에 집약되었다. 1931년 전시회의

---

[29] 새뮤얼 P. 버너, 《세인트루이스 포스트 디스패치》, 1904년 9월 4일. 필립스 버너 브래드퍼드 · 하비 블럼, 앞의 책, p.297에서 인용.

공식 주제가 속에 마스코트로 등장한 네뉘파르의 경우가 바로 그러했다. "고상해 보이려고 그는 장갑을 발에 끼었다. (…) 네뉘파르—넌 좀 모자라긴 해도 잘 웃어 (…) 그렇지만 꾀바르지. (…) 넌 벌레처럼 벌거벗었고 코가 하늘로 향했고 머리카락은 쇠 지푸라기 같아 (…)."[30] 어린애 같은 흑인의 이미지는 제국주의 선전에 적합한 가부장적인 휴머니즘의 표출을 가능케 했다. 특히나 그것은 뒤떨어진 종족을 이롭게 하기 위한 프랑스의 교육적 활동의 필요성과 정당성을 지지해주었다. 이 어린아이화化의 상징은 초콜릿 음료 통 위에서 세네갈 병사가 활짝 웃고 있는 "이야 봉 바나니아"*로 남았다.

묘사의 세 번째 겹은 1920년대에 나타났다. 그것은 "선한 흑인"이라는 묘사로 야만인이나 "큰 어린애"보다 우세했다. "또 한 번의 국면이 그려진다. 평화적이라고 믿게 하고 싶은 제국의 이미지에 따라서 '야만인'은 (다시) 순해졌고 협조적인 모습으로 변한다."[31] 더욱이, 유용하고 생산적일 수 있는 원주민들의 능력이 내세워지기까지 했다. 야만적인 원시인은 문명을 접촉해보지 못했고 앞으로도 그러할 "흑인"이었다. "큰 어린애"는 문화를 접촉한 야만인으로, 그는 백인과 자신을 갈라놓는 격차를 알고서 교육을 받는다. "선량한 흑인"은 실제로 발전된 모습을 보여줌으로써 식민지 활동의 속행續行을 정당화해주는 식민지 피지배자다. 이렇듯 전시회마다 이 세 겹의 묘사가 공존했다. 1931년에 카나크인들은 야만인을 넘어선 단계로 표현되었다. 베를리츠에서 프랑스

30 장-피에르 자크맹, 「프랑스 가요 속의 허수아비 같은 아프리카」, 《파스렐》, 1998년, 제16호, p.222.
* 옮긴이 | Y' a bon banania. 바나나 가루, 곡물, 카카오, 설탕으로 만든, 물에 다 먹는 음료.
31 니콜라 블랑셀·파스칼 블랑샤르·상드린 르메르, 「제국주의 공화국의 인간 동물원」, 《외교계》, 2000년 8월.

어 수업을 받은 원주민 병사는 그 서투름으로 인해 우스꽝스러웠지만 협조적이었다. 그와 같은 병사, 유능한 장인, 인도차이나의 고분고분한 일꾼은 유용해진 식민지 백성의 본보기가 되었다. 문명에 의해 개량된 식민지 피지배자의 새로운 자부심이 크게 강조되었다. 1931년의 전시회 때 《뷔》지는 가장 아름다운 원주민 사진 경연대회를 열었다. 대부분의 사진이 의젓한 모습의 얼굴을 보여주었다. 독자들은 가장 "자신감 넘치는" 원주민을 뽑기 위한 투표에 초대되었다. 야만인에게 존엄이란 있을 수 없음을 보여주었던 19세기 말의 우편엽서와 얼마나 달라졌는가! 그렇다고 해서 식민지 피지배자에게 새롭게 주어진 존엄이 해방을 의미하는 건 아니었다. 왜냐하면 그것은 지배자들이 부여한 한결 쓸모 있는 지위에 불과했기 때문이다.

물론 "흑인"만이 유형화된 건 아니다. 모든 "민족"이 거대한 식민지 극에서 제 가면과 제복을 받았다. "아랍인"의 이미지는 근본적으로 양면적이었다. 아랍인은 큰 문명의 후손이면서 미래 없이 몰락해가는 민족이었다. 천 년의 전통에서 영감을 물려받은 손재주 있는 장인이면서 또한 고질적인 게으름뱅이였다. 프랑스를 위해 봉사한 용감한 군인이면서 계속해서 프랑스에 저항하는 사나운 전사이기도 했다. 이렇듯, 1931년의 전시회 축제일에는 60명의 아프리카 원주민 기병들이 승마 곡예와 사격 시범을 보였지만 작은 대상 행렬을 습격하는 것 또한 흉내 냈다. "아랍인"은 비밀스러움과 교활함으로 특징지어졌다. 그들의 사회적 삶은 암담하고, 종교는 복잡하며, 언어는 이해하기 힘든, 정말이지 종잡을 수 없는 것으로 이해되었다. 이 모든 것은 식민지 지배자를 불안하게 만들지만 이 불투명성은 두려움을 주는 동시에 호기심 어린 상상력을 자극했다. 이 "다가갈 수 없는" 배경에 대한 환상이 소위 말하는 "아랍인"의 이중성을 낳았다. 한 면만 보고서 어떻게 진실을 알겠는가. 온갖 이야기와 그림과 엽서와 영화가 끊임없이 암시를 하고 있는 것처럼 그가 등 뒤로 칼을 감추고 있지 않다는 걸 어떻게 알겠는가. "인도차이나인"은 식민지 제국 극장의 또 다른 단역이다. 그 역시 순전히 제국주의적 구축물이다. "인도차이나의indochinois"라는 형용사는 1846년에 사전에 삽입되었다. 그 말은 인도차이나 반도라는 지리학적 지시대상을 가지고 있다. 하지만 곧 식민지의 정치적 영토, 1887년에 세워진 인도차이나 연합과 연관 지어진다. 식민지의 실체를 벗어나면 인도차이나는 아무런 정치적 현실을 갖지 못한다. '인도차이나인' 이라는 말은 하나의 국민을 가리키는 것도 민족을 가리키는 것도 아니고, 정복된 영토의 주민을 지칭하기 위해 멋대로 지어낸 잡동사니 창고다. 다원적으로 결정되었으면서 하나로 통일된 이 이미지는 "영웅적인 정복 시대의 상징적 표현에서 찾아볼 수 있는 온순하고 근면한 인도차이나인"으로 축약된다.[32] 게다가, 이 식민지 유형학은 좋은 점과 나쁜 점들을 결정하는 등급화의 지지대가 된다. 이렇듯이 뱅센에서 개최된 리얼리티 스펙터클은 단순한 연출을 통해 앙코르와트와 아프리카의 젠네 사원을 자동적으로 비교했다. "이보다 더 격렬한 대립은 상상도 하지 못할 것이다! (…) 앙코르와트 사원은 보석처럼 조각되었으며 온 표면에 감탄할 만한 문양이 끌로 새겨진 반면, 젠네 거리에는 간단한 기술로 지어지고 거대한 진흙더미를 이고 있는 가옥들이 보이고 경건한 신자들이 지나

---

32 파니봉 노린드르, 「서양 상상계 속의 '인도차이나인'」, 『타인과 우리』, 앞의 책, p.33.

다닌다."[33] 발리 연극이 아프리카 춤보다 우위에 있는 것처럼 다른 전시관들은 문명과 생산의 길을 걷고 있는 식민지의 발전 정도에 따라 서로 구분되었다.

인종 전시회와 식민지 전시회에서 무대에 올려진 원주민의 특징들은 글과 사진과 영화에 의해 지지되었다. 여행 이야기와 이국적 모험 소설들은 아프리카 대륙과 그 거주민들을 동일한 미학과 반복적인 테마로 이루어진 선정적인 그림처럼 소개했다. 19세기 말의 탐험가들에게 아프리카는 낯설음과 원기왕성함의 대륙이었다. 강, 산, 식물, 동물 할 것 없이 그곳에선 모든 게 훨씬 크고 생생하고 강렬했다. 그곳 거주민들은 그 어느 곳보다 이질적인 시각으로 소개되었다. 그들은 야만적이며 위험하고 식인종이거나 허약하고 게으르고 순종적이었다. 이 이야기들은 아프리카의 신화적 묘사를 서서히 파괴하고 틀에 박힌 이국정서로 대체했으며, 그것은 오래도록 지속되었다. 쥘 베른은 『5주간의 기구여행』에서 런던의 지리학협회 회원들이 아프리카를 동서로 횡단 비행하는 이야기를 하고 있다. 위에서 내려다보는 이 시각은 비현실적인 거리감과 단순화된 종합의 효과를 낳았으며, 그와 동시에 진실성을 주장하기도 했다. "현실이 스펙터클이 되고 곧 객관화되는 건 전혀 놀라운 일이 아니다. 이런 식으로 관찰되는 이 대륙의 거주민들은 마치 내면이 텅 비어버린 것 같다. 그들은 유럽인들의 여행기에 등장하는 단순한 단역들이 되어버렸다 (…)"[34] 식민지 소설 역시 허구의 진실성을 주장했다. 『맘부와 그녀의 사랑』은 "실제 이야기처럼 소개되었다. (…) 이 소설엔

---

33 「어느 기자의 시대 논평」. 카트린 오데르 · 미셸 피에르, 앞의 책, p.44에서 인용.
34 미셸 블로슈, 「아프리카 여행」, 《파스렐》, 1998년, 제6호, p.202.

묘사 시도라곤 찾아볼 수 없으며 내면 풍경밖에 없다. 소설 속의 대화들은 흑인 여인의 심리에 관해 그 어떤 책보다 많은 걸 가르쳐준다.” 서문을 쓴 이는 이 책의 “관찰의 진실성”, “단순성”, “즉흥성”을 강조하고 있다. 그런데 이 소설에서 우리는 다음과 같은 일반화를 발견할 수 있다. “흑인은 매우 호기심이 많다. 하지만 그 호기심이 금세 무뎌지는 건 사람들이 그들에게 어린아이 같은 그들의 정신세계에 전혀 걸맞지 않은 지나치게 복잡한 이야기를 하기 때문이다.”[35] 이렇듯 이 소설은 여러 증언을 통해 확인된 특징들을 다시 보여주고 있다.

캐리커처 성격을 띤 그림이나 판화와는 달리 사진은 원주민 묘사에 있어 객관성을 보장해주었다. 특히 세기 초에 통용된 ‘무대와 유형’이라는 수천 장의 우편엽서가 그랬다. “지배 대상이었던 ‘원주민’들은 이미지를 통해 동화되어야만 했다. 이국적이지만 친근한 형태로 보완된 모습을 그들에게 부여함으로써 (…) 그들과 적당한 거리를 둘 수 있었다. 낯설지만 동화할 수 있는 존재들로 말이다. 차이의 연출은 무엇보다 무대가 있으며, 그 무대가 정복자 문명의 보편적인 규범을 따르고 있다는 걸 보여주었다.”[36] 인종 전시나 식민지 전시, 혹은 이국성의 전시와 관계된 사진이거나, 혹은 동시에 이 세 가지 모두를 보여주는 사진은 ‘그림이 될 만한 아름다움의 미학적이자 인류학적인 규범에 따라 연출된 현실을 보여줄 수 있었다. 그것은 현실을 속일 수 있는 동시에 거짓을 증언할 수도 있었다.

---

35 루이 샤르보노, 『맘부와 그녀의 사랑』, 파리, 장 페렌지 출판사, 1924년, p.7. 자노 리에즈, 「인성학 혹은 동화의 거부」, 『타인과 우리』, 앞의 책, p.210.
36 기 고티에, 「1880년대 아프리카 탐험에 관한 사진과 판화」, 『타인과 우리』, 앞의 책, p.219.

순화원 전시회 전해에 파리 시민들은 '사람을 먹는 사람들'이라는 제목으로 카나크인들의 "풍습"에 관한 영화를 볼 수 있었다. 당시 방문객들은 이런 말을 했다. "꼭 영화 같군." 이처럼 영화가 전시를 통해 확증되기도 했다. 북아프리카를 배경으로 삼은 영화들에서 원주민들은 대개 염려스럽고 난폭하게 그려졌다. 악인들은 '험상궂은 얼굴' 역할을 전문으로 하는 유럽 배우들에 의해 연기되었다. "언제나 복수할 준비가 되어 있는 아랍인들은 쉽게 칼을 꺼내들지만 공공연하게 맞붙을 때는 정정당당하기도 하다."[37]

"흑인", "아랍인", "인도차이나인"은 역할들이다. 다시 말해 서양인들이 정복한 혹은 정복할 민족과 역사적으로 맺은 관계에 따라 만들어진 의상이요, 태도요, 생활방식이다. 서로 다른 식민지 시대의 필요에 따라 새로운 역할이 나타났으며, 그것은 앞선 역할들과 결합되어 우리가 멸시하길 원하는지 지배하길 원하는지, 아니면 높은 가치를 부여하고 싶은지에 따라 다양한 가치를 지니는 유형들을 낳았다. 얘기되고 제시되고 보여진 이미지들 사이의 충돌은 이국적 사물이 현실과 허구와 동시에 관계 맺고 있음을 말해준다. 그렇기 때문에 인종 전시 혹은 식민지 전시회들에서 볼 수 있는 거짓된 에토스 전시는 야만인과 식민지 피지배자의 성격 규정이라는 유용한 시도에 그 주된 역할이 있는 것이다. 리얼리티 스펙터클은 현실을 증거로 내세워 허구의 정당성을 입증함으로써, 또한 우리가 부여하고 싶어 하는 타인의 지위와 타인에 대한 환상을 닮도록 현실을 왜곡시킴으로써 복합적이면서도 일관된 유형들

---

37 자크 토비 · 질베르 메니에, 앞의 책, p.529.

을 통용시키게 해준다. 식민지 이미지의 진화는 서양 대중의 상상세계의 진화에 상응한다. 그리고 서양 대중의 상상세계는 식민지 개발의 전략적 상황에 상응한다.

관중의 반응

폭넓은 교감에도 불구하고 인종 전시회와 식민지 전시회에 적대적인 반응도 있다. 먼저, 그런 전시회들은 세기 초 뉴욕 동물원에 갇힌 피그미인 앞에서 사람들이 느꼈던 것처럼, 뭐라 정의할 수 없는 불편한 마음을 불러일으키기도 했다. "일부 관객들은 불편한 마음을 느꼈다. 그들 가운데 한 사람이 외쳤다. '저 안에 내 마음에 들지 않는 뭔가가 있어.' 그러면서도 그는 걸음을 돌리지 않고 그 자리에 머물렀다. 그러고는 모두들처럼 그 느낌이 사라지기를 기다렸다."[38] 다음으로는 좀 더 드문 일이지만 전시된 사람들이 처한 나쁜 생활조건이 동정심과 심지어 반항심을 불러일으키기도 했다. "나는 오직 어리석은 구경꾼들을 즐겁게 해주려는 목적에서 고향 풀숲을 떠나 우리나라로 옮겨 심어진 '더운 나라'가 추워서 떨고, 지루함에 시달리고 있는 전시회만큼 슬픈 걸 알지 못한다."[39] 그들은 야만인들이지만 그렇다고 그것이 그들을 함부로 대할 이유는 못 되며 어쨌든 사자가 뱅센보다는 사바나에 지내는 것이 낫듯이 그들은 자기네 땅에 있는 편이 훨씬 나았을 것이다. 더욱 드문

38 필립스 버너 브래드퍼드 · 하비 블럼, 앞의 책, p.226.
39 「파리 통신」, 《일뤼스트라시옹》, 1900년 7월 14일, 제2994호.

일이지만 이 전시회들이 전시된 사람들에게나 관객에게나 품위 없으며 파렴치한 것이라고 여기는 사람들도 있었다. 일부 관객들은 단역배우들과 자신들을 동일시했다. "어쨌건 저 사람들도 인간이잖아요." 그들은 인간이 동물원에 들어 있는 걸 즐거움으로 받아들이지 못했다. 연출된 카나크인 전시가 사람들에게 충격을 안겨준 것은 그들이 훨씬 나은 대접을 받아 마땅하다고 여겨졌기 때문이었다. 그들을 전시할 수는 있지만 문명을 향해 그들이 보인 진보의 수준에 맞추어 전시했어야 했다는 것이 사람들 생각이었다. 예전엔 야만인들이었지만 지금은 길들여진 존재들로 말이다. 이런 유형의 비판은 뒤집힐 수 있는 것이었다. 발리 연극이 시대에 뒤떨어졌다고 여겨 그 성공에 분개하거나 비난하는 이들도 있었다. 관객이 세운 존엄성의 수직체계에 어긋나는 전시회는 파렴치한 것으로 간주되었다. 좋은 전시회란 각자가 제자리를 지키는 전시회였다. 마지막으로는 제국주의적 시도와 공격을 유도하는 스펙터클 선전이 있다. 1931년, 초현실주의자들과 공산당은 브르통, 엘뤼아르, 아라공, 샤르 등이 서명한 유명한 삐라 「식민지 전시회를 방문하지 말라」로 예고된 반식민지 전시회를 추진했다. 그들은 벵센의 무대 이면이 소외와 착취와 학살로 이루어졌음을 고발했다. 그보다 덜 알려지긴 했지만 흑인보호단체도 그들 표현대로 "상업적이고 쾌락주의적인 동물원"에 대한 보이콧에 호소했다.[40] 신문 《위마니테》 역시 비판의 중심에 있었다. 특히 "벵센 축제"의 화려함 뒤로 인도차이나에서 벌어지는 억압의 엄폐에 관한 비판이 주를 이루었다. "우리는 인도차이나인들과 더

---

40 카트린 오데르, 「전시회의 '원주민'」, 『타인과 우리』, 앞의 책, p.160.

불어 항거한다. 우리는 뱅센에서 짐승처럼 사육되고 있는 안남 사람들을 이해하고 변호한다. (…) 제국주의 세력은 노예들을 고립시켜 파리 노동자들과 뱅센에서 단역배우로 일하도록 식민지에서 끌어 모아온 하급 인부들이 접촉하지 못하도록 가로막고 있다. 그러나 결코 막지 못할 것이다."[41]

그럼에도 대개 이국적 인간 전시는 호기심에 들뜬 군중을 끌어당겼다. 1897년, 한 미국 전시회는 그린란드 북쪽 극단에 위치한 그들 마을을 한 번도 떠나본 적이 없는 한 무리의 에스키모인들을 뉴욕으로 데려왔다. "평소와 달리 엄청나게 몰려든 군중은 에스키모인들이 관중에게 전시되지 않을 거라는 사실을 알고서 무척 실망했다. 그럼에도 많은 방문객들이 에스키모인들의 임시 숙소에 가보고 싶어 했고, 실제로 바라는 바를 이루었다. 하지만 지하로 난 환기창의 창살을 통해 슬쩍 보는 정도로 만족해야만 했다. 일부는 아예 배를 납작 깔고 엎드려서 에스키모인들을 보려고 시도했다."[42] 이국정취와의 대면은 그것이 직접적인 "만남"일 때 한층 더 사람들을 흥분시켰다. 갇힌 인간들 앞에서 군중이 너무도 흥분했으므로 대개 강제력을 동원해 질서를 유지하지 않을 수 없었다. 그런데 군중의 호기심은 낯선 것의 발견에 대한 호기심이 아니라 선입견을 확인하려는 호기심이었다. 1904년 세인트루이스 전시회에 필리핀의 이고로트인들이 허리에 두르는 간단한 옷만 걸친 채 도착했다. 루즈벨트 대통령은 그것이 품위를 떨어뜨리는 상황으로 해석될까 염려한 나머지 그들에게 바지를 입히라고 했다. 하지만 군중은 좋아하

<hr>

41 《위마니테》, 1931년 7월 6일.
42 켄 하퍼, 『미닉, 뿌리 뽑힌 에스키모인』, 파리, 플롱(인간의 대지 / 포슈), 1997년, pp.47-48.

1904년 세인트루이스 만국박람회에 전시된 이고로트족 사람들
1904년 세인트루이스 만국박람회에 전시된 이고로트족 마을 기념엽서

"1904년 세인트루이스 전시회에 필리핀의 이고로트인들이 허리에 두르는 간단한 옷만 걸친 채 도착했다. 루즈벨트 대통령은 그것이 품위를 떨어뜨리는 상황으로 해석될까 염려한 나머지 그들에게 바지를 입히라고 했다. 하지만 군중은 좋아하지 않았고, 이고로트인들은 스펙터클의 사실성을 해치는 그 바지를 벗어야만 했다."

지 않았고, 이고로트인들은 스펙터클의 사실성을 해치는 그 바지를 벗어야만 했다. 이것이 이 전시회들의 역설적인 측면이다. 이 전시회들의 첫 단계는 군중을 만족시키는 것, 다시 말해 그들의 기대에 부응하는 인체와 행동을 제시하는 것이다. 그들이 내는 돈에 대한 대가로 그것을 제공해야만 했다. 하지만 그와 동시에 전시회를 정당화해주는 사실성의 외양도 갖추어야만 했다. 일부 주최자들은 전시회의 경박성과 비정확성에 대해 불평을 늘어놓았고, 군중이 원하는 것을 줄 필요성을 내세우며 자기합리화를 했다. 돌고 도는 논쟁에 대해 길게 늘어놓을 필요는 없다. 틀에 박힌 스펙터클의 주최자들은 관중이 원하는 것을 주고 있다고 주장했으며, 군중의 취향은 스펙터클의 선전을 통해 형성되었다. 1931년 뱅센에서 벨기에 운영위원이 언론에 한 말은 참으로 정당했다. "전시회가 성공을 거둔 것은 여러분들이 조성한 여론 덕입니다."[43] 문제가 되는 건 비인간적이거나 파렴치한 학대라기보다는 표현과 취향의 형성체계였다. 전시된 존재들과 관객의 존엄성을 지키는 가운데 에토스를 만들어내고 공연을 할 수도 있다. 인간 동물원에 대한 관중의 호기심은 이 체계가 만들어낸 결과다. 그것은 이미 알고 있는 낯선 것에 대한 갈망이요, 아무것도 일어나지 않기를 바라는 희망을 감춘 '예기치 않은 것에 대한 두려움'이요, 모든 것이 제자리에 있기를 바라면서 거짓으로 불안해하는 기대에 다름 아니다. 모든 것은 이 호기심을 실망시키지 않기 위해 만들어진 것이다.

첫 인종 전시회들을 찾은 관객은 야만인들을, 나아가 인간 동물들을

---

43 M. 카르통. 카트린 오데르 · 미셸 피에르, 앞의 책, p.103에서 인용.

관찰하기 위해 온 것이다. 연출과 이미 품고 있는 선입견 때문에 관객은 대개 원하는 것을 보았다. 순화원에서 있었던 "말라바르인" 전시회를 찾은 한 방문객이 단역배우들의 모습을 담은 그림엽서를 친구에게 보내면서 뒷면에 이렇게 적고 있다. "이건 우리가 함께 외출한 일요일에 본 원숭이들의 완벽한 재생이야."[44] 따라서 방문객들이 전시된 사람들에게 동물 대하듯 하는 건 놀라운 일이 아니다. "군중은 배우들에게 말을 걸려고 애썼으며 마치 동물원에서 하듯이 그들을 만지고 먹을거리로 그들의 관심을 끌려고 했다."[45] 동물 전시는 반드시 관객들의 폭력을 불러일으켰다. 문명인 관중은 닫힌 공간을 마주대하고 소리치거나 무례하게 불러대고 욕설까지 퍼부었다. 뉴욕 동물원의 관중은 우 타 벵가가 가는 곳마다 큰소리를 질러대고 키득거리며 쫓아다녔다. 옆구리를 치기도 하고 발을 걸기도 하는 등 모두가 그를 조롱했다.[46] 그러다 그가 자기방어라도 하면 스스로 통제 불가능하고 위험한 야만인임을 입증하는 것밖에 되지 않았다. 식민지 피지배인에 대한 관객의 폭력은 덜 난폭했다. 이 경우는 억압된 욕망을 인간 짐승에게 해소하는 게 아니라 열등한 인간을 비방하는 것이었다.

전시회의 관객은 조롱을 멈추지 않았다. 대부분의 증언에서 거만한 빈정거림이 드러났다. 무엇보다 사람들은 전시된 개개인의 신체를 두고 조롱했다. 그들이 이상한 피부색을 하고 있으며 못생기고 어수룩하다는 것이다. 연출된 그들의 신체는 그것만으로도 유럽인과의 건너뜀

---

44 이자벨 갈라, 앞의 책.
45 에릭 바라테 · 엘리자벳 아르두엥-퓌지에, 앞의 책, p.154.
46 필립스 버너 브래드퍼드 · 하비 블럼, 앞의 책, p.232.

수 없는 격차를 말해주었다. 《프랑스 수아르》지의 한 기자가 흥미로우면서도 "자극적인" 기사를 쓰기 위해서 뱅센의 단역배우들 가운데 데오다라는 이름을 가진 한 인물을 몽마르트로 데려갔다. 어느 레스토랑에서 데오다가 모자를 벗자 변발이 드러났다. "얼굴에 새겨진 문신에다 이 기상천외한 머리 형태까지 더해지자 유럽인으로 가장한 야만인의 완벽한 모습이 드러났다. 그 모습이 너무도 우스꽝스러워 강한 호기심이 발동했다."[47] 다음으로는 사람들이 우스꽝스럽게 생각하거나 가련하게 여기는 행동들이 있다. "살아 있는 아름다운 청동 동상 같지만 대개 잠들어 있거나 나머지 시간은 지루해하는 다호메이 사람들은 재주를 보여 우리에게 동전을 받아내는 것과, 마법의 주문을 알지 못하는 사진사가 나타나면 질겁해서 비명을 내지르고 숨는 것밖에 보여주지 않았다."[48] 전시와 직접적으로 관계된 행동은 철저하게 상황에서 나온 것이며 보편화된 것이다. 보여지는 것은 진정한 것이며, 그 표본이 속한 전체 그룹을 대표하는 것이다. "그들은 분명 흑인들이다." 좀 더 넓게 보면 식민지 피지배자들의 문화가 비방되고 배척되었다. 원주민들은 전시회의 매력적인 요소이지만 일부 방문객들은 원주민들이 그곳에 전시된 것을 유감스럽게 생각했다. 프랑스화된 이국적인 멋진 건축물을 감상하는 데 그들이 방해가 되었기 때문이다. "튀니지에서는 다행히도 배꼽춤은 (…) 면할 수 있었다. 하지만 모든 걸 피하지는 못했다. 가는 곳마다 동양춤을 반주하는 음악이 들렸다. 무어풍 카페에서는 한층 심했다."[49] 전시회들은 제국주의적 힘의 우월성을 드러내는 생생한 그림들

---

47 카트린 오데르 · 미셸 피에르, 앞의 책, p.95에서 인용.
48 《일뤼스트라시옹》, 1900년 10월 20일, 제3008호.

을 전시했다. 관객들은 원주민과 자신들의 차이점을 공공연히 과시했다. 그들은 구분되고 싶어 했고 또 그래야만 했다. 그들은 열등함을 드러내는 실제 스펙터클 앞에서 언제나 자신들의 우월성이라는 사실을 증명할 필요가 있었다. 그들의 행동은 스펙터클에 의해 결정되었다. 그들 역시 전시회의 배우들이었던 셈이다.

하지만 식민지 배우들에게 친절한 관람객도 있었다. 그런 관람객은 우선 자신이 원주민을 존중한다는 걸 잘 보여주기 위해 지나치게 예의 바른 태도를 보였다. 그는 다정한 몸짓을 보이며 천천히 다가갔다. 노인이나 환자에게나 보일 법한 미소를 지었다. 그러고는 원주민이 이해할 수 있도록, 다시 말해 자신의 언어적 우월성을 드러내 보이지 않기 위해 "엉터리 흑인 불어"로 말했다. "이는 과장한 얘기가 아니다. 어떤 백인은 흑인에게 말을 걸면서 어른이 아이에게 하듯 행동했다. 선웃음을 치며 속삭이고 다정하게 아이를 어르듯 했다. (…) 그렇지만 그들을 화나게 할 의도는 없었노라고 그는 말할 것이다. 우리도 그건 인정하지만 바로 그 의도 없음이, 그 가벼움이, 그 무심함이, 아무렇지도 않게 그들을 가두고, 그들을 원시인으로 만들고, 반문명인으로 만드는 그 안이한 태도야말로 화낼 만한 것이었다. (…) '엉터리 흑인 불어'로 말한다는 건 바로 '넌, 네가 있어야 할 자리에 있어'[50]라는 생각을 표현하는 것이다. 또한 상냥한 관객은 원주민을 높이 평가하려고 애쓴다. 그는 '키크고 멋진 흑인 사내'의 육체적 힘을, 육체의 아름다움을, 위풍당당하게 고개를 치켜든 모습을 칭송한다. 그런데 이럴 때도 의도와는 반대로

49 《일뤼스트라시옹》, 1900년 9월 15일, 제3003호.
50 프란츠 파농, 『검은 피부, 흰 가면』, 파리, 르 쇠이유, 1952년, p.44, 46.

식물과 동물의 은유가 넘쳐 난다. 그가 말하는 흑인의 몸은 호랑이처럼 유연하고 칡넝쿨처럼 늘씬하고 신축성 있다. 다른 한편, 지나치게 예의 바른 관객은 풍습에 관한 지식을 통해 원주민에 대한 관심을 드러내 보인다. 그는 이런저런 일들이 그곳에서는 이렇게 행해진다고 읽었거나 보았거나 들었다고 설명한다. 깜짝 놀라는 반응을 보이는 다른 관객들 앞에서 그는 관용의 태도를 드러내 보일 수 있다. 자신은 이미 알고 있는 사실이기 때문이다. 그가 갖고 있던 선입견들이 진실된 스펙터클로 인해 확인될 뿐 아니라, 스펙터클이 그의 선입견들을 수용하고, 그것들을 실제 역할 속에 표출함으로써 전적으로 책임진다. "이런 가짜 존중은 사실상 가장 일관된 멸시나 가장 공들여 고안된 사디즘과 동일하다. (…) 이런 방식에서 우리는 객관화하고, 캡슐에 집어넣고, 가두고, 낭종으로 감싸려는 의지를 읽을 수 있다. '난 저들을 알아', '저들은 저래'와 같은 문장은 그 객관화가 최대치로 성공했음을 말해준다."[51] 동물원 리얼리티 스펙터클에서 한 개인이 가축화된 표본에게 다가갈 때 보이는 친절과 존중은 최악의 폭력이 될 수 있다. 동물원은 그저 하찮고 동물에 불과한 것이 결코 아니다. 동물원은 보편적 형태의 스펙터클이요, 거짓이면서 동시에 진실이기도 한 에토스를 표현하고 만들어내는 기술 技術로 관객의 정신과 행동에 강하게 영향을 미친다.

---

51 프란츠 파농, 「인종차별주의와 문화」, 『아프리카 혁명을 위하여 : 정치적 기술記述』, 파리, 라 데쿠베르트(재발견 총서, 자료와 증언), 2001년, p.42.

동물원, 전시와 길들이기의 총칭적 형태

생명권력과 스펙터클

동물원의 첫 기능은 전시될 운명에 놓인 인간과 동물의 신체에 권력을 행사하는 것이다. 이 권력은 무엇보다 포획의 행위에 있다. 동물원은 다른 동물원이나 사냥꾼들에게서 표본들을 산다. 사냥꾼들은 표본들이 사는 곳으로 찾아 나선다. 1세기 반 전에는 주로 모험을 찾아 나선 여행객들이 그 일을 했다. 그들은 금세 유통망을 관리하면서 사업가로 변했다. 인간과 관련해서는 대개 복잡한 암거래가 필요하다. 1931년 전시회의 카나크인들을 징집하는 데 있어 프랑스 옛 식민지 거주민 연맹은 "징집을 실시하기 위해 폴리네시아 군도로 대표 한 사람을 보냈다. 백여 명의 카나크인들이 자기네 문화를, 무엇보다 자기네 춤을 소개하기 위해―그들은 그렇게 생각했다―파리의 식민지 전시회에 오기로 결심하는 데는 거짓 약속과 원주민 담당부서 대표의 능수능란한 압력이 필요했다."[1] 대개의 경우, 전시된 사람들은 속았다. 세인트루이스 축제에 참석한 피그미인들에게는 보답으로 모두 합쳐봐야 고작 8.5달러 가치밖에 되지 않는 싸구려 물건들이 주어졌다. 거기엔 소금 한 통과 손목시계 9개도 들어 있었다.

일단 붙들려서 전시회장으로 오게 된 표본들은 최대한 오래도록 잡아두는 게 관건이다. 탈출을 막고 기후와 감금이나 질병으로 인한 사망률을 제한해야만 한다. 포획과 여행에 비싼 비용이 들기 때문에 표본들은 보호할 가치가 있다. 그리하여 표본들은 수익을 내야 할 세습재산이 되었다. 동물원에서 행사되는 권력은 생리학적, 심리학적, 사회학적 등 모든 차원에서 생명에 미치는 권력이다. 그것은 경제학적, 학문적, 흥행적 가치를 지닌 표본들의 건강 유지를 꾀하는 생명권력이다. 우선, 표본들을 정확한 공간적 제약 속에, 우리나 울타리 내부에 두어야만 한다. 울타리는 모든 걸 자유로운 상태로 놓아두면서 가둘 수 있게 해준다. 따라서 울타리는 미학적 장점을 가지고 있으며, 대개 울타리 속 표본은 우리 속 표본보다 적응력이 월등하다. 동물원의 억압 장치들은 그 효율성이 언제나 이중적이어야 한다. 억압 장치들은 포획된 동물들의 건강을 최대한 유지하면서 확실히 가둘 수 있어야 하는 것이다. 자유로운 자연적 조건에 가까운 감금상태의 생물학적 조건을 만들기 위해 항구적인 연구가 이루어지고 있다. 좀 더 정확히 말하자면 자연적 환경을 재생해내는 것이 아니라 표본의 생물학적 최적조건에 가까운 총체적 조건을 만들어내는 것이 관건인 것이다. 따라서 인위적 환경의 형태와

---

1 조엘 도펭, 「카나크인들과 1931년 식민지 전시회」, 『타인과 우리』, 앞의 책, p.165.

방식은 자연적 주거지와 다르지만, "포로가 된 야성적" 유기체의 최상의 기능에 훨씬 더 잘 맞춰진 것일 수 있다. "동물원의 이상적 해결책은 자연 환경을 정확히 모방해내는 것이 아니라, 동물원이라는 인위적 환경 속에 자연조건을 생물학적으로 정확히 이식하는 데 있다."[2]

네 가지 요소에 따라 동물원의 감옥 같은 환경의 질을 바꿀 수 있다. 포로가 숨 쉬는 공기의 질은 매우 중요하므로 여러 방식으로 개선이 가능하다. 공기를 더 습하게 만들거나 건조하게 만들 수 있으며, 순환시키거나 거르거나 혹은 이온화를 통해 공기를 변화시킬 수도 있다. 전염의 위험이 있을 때는 표본들을 물샐 틈 없이 차단된 우리 속에 격리시키면 된다. 물의 질은 생사가 걸린 문제로 가 종에 맞춰야만 한다. 물의 온도와 구성성분을 지켜봐야 하며, 물이 늘 있는지도 살펴봐야 한다. 흙은, 다시 말해 땅만이 아니라 벽까지도 포함해서 동물의 이동방식과 포획방식, 지지대 유형에 맞추어야 한다. 땅바닥은 딱딱하거나 부드럽거나, 흙이나 모래로 이루어졌거나, 혹은 나뭇잎이 깔렸거나, 건조하거나 축축해야 한다. 동물이 기어오르거나 뛰어오를 수 있도록 온갖 종류의 지지대와 발판을 가져다 놓기도 한다. 게다가 땅바닥은 자연 상태일수록 위험한 감염요인이 된다. 대개 멸균 처리되고 소독하기 쉬운 바닥을 마련하는 것이 더 바람직하다. 온도와 빛이 지나치거나 부족한 것도 치명적일 수 있다. 온도는 자연적인 방식을 통해 조절할 수 있다. 이를테면 순화원의 누비아인들은 1877년 여름 동안, 그리고 에스키모인들은 이듬해 겨울 동안 "초대"되었다. 좀 더 기술적 방식을 동원해서 도마

---

2 H. 헤디거, U. 돌더 · W. 돌더, 『동물원에 관한 책』, 실바, 1979년, p.21.

뱀을 위해서는 숨겨진 히터가 사용되고 펭귄을 위해서는 강력한 에어컨이 사용되기도 한다. 위치를 잘 선정한 나무들을 이용해 그늘을 만들기도 하고, 햇볕의 양을 예측하거나 사막의 태양을 모방한 램프를 설치할 수도 있다. 거기에 먹이의 문제가 추가된다. 동물원은 서로 다른 수많은 식습관을 충족시켜야 한다. 먹이는 신선한 물고기에서부터 부패하기 시작한 동물의 시체까지 다양하다. 이와 같은 의학적 혹은 수의학적 배려에도 불구하고 외부보다 동물원 내의 사망률이 높다. 현대적 동물원에서는 매년 사망률이 전체 보유동물의 15~20%로 추정된다. "이론적으로 동물원의 동물 보충을 4년에서 6년 정도 그만두면 동물원은 자연적으로 문을 닫게 된다. 몇몇 베테랑만 남게 될 것이다."[3] 이는 사람의 경우도 마찬가지다. 1892년, 30명가량의 "카리브인들", 구야나와 수리남의 인디언들 무리가 겨울이 끝날 무렵 순화원에 전시되었다. "야만인들이 기후 변화를 견딜 수 있도록 돕기 위해 우리는 그들에게 낮 동안 럼주를 넣은 펀치를 나누어 주었다 (…)."[4] 그것은 물론 "생리학적으로 적절한" 조치가 아니어서 인디언들은 병에 걸리거나 더러는 죽기도 했다. 제아무리 기술적이고 의료혜택이 주어질지라도 속박상태는 그 자체로 위험하다. 더욱이 1895년의 식물원과 1985년의 벵센 동물원의 사망률 곡선은 비슷하게 겹친다.

대부분의 동물원에서는 감옥 같은 조건이 가능한 한 스트레스를 덜주고 정신적 외상을 덜 줄 수 있도록 애쓴다. 포획과 여행은 대개 돌이

---

3 에릭 바라테 · 엘리자벳 아르두엥-퓌지에, 앞의 책, pp.278-279.
4 《일뤼스트라시옹》, 1892년 3월 5일. 제라르 콜롱, 「사진과 그 분신」, 『타인과 우리』, 앞의 책, p.152에서 인용

킬 수 없는 정신적 충격을 안기는 기회가 된다. 동물원에서 카타토니[*]나 히스테리에 걸린 동물을 어쩌겠는가? 표본의 가치를 유지하려면 포획이 가능한 한 부드럽게 이루어져야 한다. 이송을 깨닫지 못하도록 잠을 재울 수도 있다. 하지만 가장 좋은 해결책은 냄새나 음식이나 돈과 같은 솔깃한 미끼를 이용해 표본이 스스로 덫 속으로 들어가게 하는 것이다. 일단 동물원에 오고 나면 최선을 다해 포로의 정서를 안정시킨다. 감금은 특별한 정신적 혼란을 불러일으킨다. 포로가 된 표본들의 가장 큰 문제점은 활동의 결핍이다. 포로생활은 야생상태보다 훨씬 안이하다. 살아가는 데 필요한 모든 것을 동물원이 제공하기 때문이다. 예전의 활동들은 불필요한 것이 된다. 표본은 축적된 에너지를 포로상태에 적합한 새로운 행동들을 통해 배출하는데, 특히 과도한 성생활이나 틀에 박힌 움직임이 그런 행동들이다. 틀에 박힌 움직임에는 몸을 흔드는 것, 기계적으로 터져 나오는 울부짖음이나 행동들, 혹은 습관적인 행동들의 증가와 같은 반복된 신경 경련이 있을 수 있다. 사로잡힌 동물들은 대개 반복적인 노정을 그리는 바람에 울타리 안 바닥에 길을 만든다. "유일한 해결책은 동물에게 '작업' 요법 차원에서 단순한 길들이기 훈련이나 다양한 소일거리의 형태로 적절한 활동을 제공하는 것이다."[5] 관중과의 접촉도 문제가 된다. 대개 그것은 표본에게 스트레스를 주는 상황이다. 표본이 적합하지 않은 음식을 섭취하게 될 수도 있고, 나아가 관중의 마음에 드는 행동을 통해 구걸을 하는 습관을 갖게

---

[*] 옮긴이 | 긴장증.

5 H. 헤디거, 『감금상태의 야생동물』, 파리, 파이요(과학총서), 1953년, p.136. 오늘날에는 "작업요법"을, 특히 피서기간 동안 "야만스런" 젊은이들의 흥분을 관리하기 위한 사회 및 경찰의 전술에서 다시 찾아볼 수 있다.

될 수도 있다. 어찌 되었건 동물원에 전시된 표본들이 야성의 특성을 잃고 행동에 영향을 미치는 정신적 이상 징후들이 늘어간다는 건 명백한 사실이다.

마지막으로 동물원은 신체적, 정신적 건강을 유지할 수 있는 개인들과 개체들 사이의 사회적 관계를 형성하려고 애쓴다. 혼자 있기를 좋아하는 개인들을 고립시키고, 사회적 표본 집단을 구성해야 한다. 개체들 사이의 상극관계를 존중하고, 개별적 반감에 주의를 기울여야 한다. 조련 기술을 통해 야생상태에서는 존재하지 않지만 인위적인 사회적 삶을 받아들이는 잡다한 종이 뒤섞인 집단을 만들어낼 수도 있다. 무엇보다 자연적 수직체계와 감금된 환경에서 생겨나는 수직체계를 존중해야 한다. 더 나아가 개체들 서로가 가능한 한 가까워질 수 있도록 조치할 수 있다. 짝이나 무리의 형성은 중요하다. 감금상태에서 보이는 번식능력은 표본이 적절한 방식으로 다루어지고 있으며 새로운 삶의 조건에 적응했다는 신호이기 때문이다. 하지만 감금상태에서 형성되는 사회적 관계는 특수하다. 야생상태에서는 불가능한 수직체계나 난폭성, 애정 관계 등의 형태가 생겨난다. 일부 표본들은 관리인에게 집착하며 그를 번식상대로 여기기까지 한다. 제대로 적립되지 못한 인위적인 관계들은 비정상적인 공격적 성향을 초래하거나, 반대로 무기력상태를 낳는데, 그러한 무기력상태는 먹이를 거부하거나 죽음으로까지 이어지기도 한다. 동물원은 생존을 기술적으로 관리하는 장소다. 그곳에서는 포로상태의 동물들을 전적으로 책임지는 방법들이 고안되고 실행에 옮겨진다. 그 보호통제 기술들은 2세기 전부터 계속해서 발전해왔으나, 그럼에도 동물원은 여전히 병적인 장소로 남아 있다. 그것은 수용동물들의 안녕이 동물원의 유일한 목표가 결코 아니기 때문이다.

동물원의 두 번째 기능은 그것이 가두고 전시하는 개체와 인간들에 관한 지식을 창출해내는 것이다. "제대로 이해하자면 동물원은 다양한 실험실이요, 교육시설이요, 종의 보호센터이어야 한다."[6] 먼저, 동물원이 수용동물들을 제대로 잘 관리하려면 그들을 잘 알 필요가 있다. 규율과 관련된 이 지식의 목표는 모든 상황에서 표본이 보일 반응을 예측할 수 있을 정도로, 따라서 위험하거나 거북스런 행동을 예방할 수 있을 정도로 각 표본의 행동을 이해하는 데 있다. 구체적으로 한 동물의 신체적 능력에 관한 정확한 지식은 그 동물의 우리 건축에도 직접 적용된다. "네발짐승이 길이로나 높이로 뛸 수 있는 최대 거리가 정확하게 측정되었다. 최대 거리는 대개 받침대 높이에 따라 달라진다. 받침대 높이의 다섯 배를 넘기지 않는 거리라야 정상으로 간주할 수 있다."[7] 파충류에 관한 생리학적 지식은 열선熱線 방책을 설치하게 해준다. 그것은 유리벽만큼이나 구속력이 있다. 또한 일부 새들은 강한 조명을 설치하고 그 주위를 어둡게 해두면 감히 나갈 생각을 하지 않는다는 사실도 알게 된다. 한 개인이나 집단의 생리학과 심리학을 안다면 해로운 행동들을 통제할 수 있을 뿐 아니라 그런 행동이 나타나는 것도 막을 수 있다.

다음으로, 동물원은 연구의 장이자 지식의 교육적 환원의 장이다. 그곳에서는 먼저 표본들의 생체를 분석한다. 표본들은 정기적으로 수의사들의 검진을 받으며, 수의사들은 야생상태에서는 불가능한 조치를 해줄 수 있다. 그곳에서는 또한 대개 감금상태로 인해 야기된 병적 징

---

6 제럴드 듀럴, 『부동의 방주』, 파리, 스톡, 1976년, p.17.
7 폴 불리노, 『살아 움직이는 정원 : 동물원에 관한 기술적 및 자료적 연구』, 리모쥬, 데빌, 1934년, p.95.

후를 이해하기 위해 수많은 주검을 해부해볼 수 있다. 또한 동물원은 행동들을 관찰하는 특별한 장소로 이용되기도 한다. 잘 적응하도록 조절된 환경에서의 감금상태는 표본을 항시 감시하고 가까이서 관찰하게 해준다. 환경의 다양한 요인들을 바꾸거나 반응을 분석하기 위해 사고를 유발할 수도 있다. 요컨대 실험을 하는 것이다. 이러한 지식의 목표는 무엇보다 속과 종과 유형을 정확히 분류해내는 것이며, 그러고 나면 생물학적, 심리학적, 사회적 정보들로 분류 칸들을 채워야 한다. 순화원에서 있었던 최초의 전시회 때 인류학협회는 이국적 표본들을 연구하기 위해 위원회를 구성했다. "조프루아 생-틸레르(순화원 원장) 씨가 프랑스에 자연물에 대한 취미와 기초지식을 대중화시킨 공로는 값을 매기기 힘든 것이다. (…) 그는 앞으로도 그 이상의 업적을 이룰 것이다. 무엇보다 인류의 종족을 연구하는 사람들에게 현장까지 가지 않고도 할 수 있는 연구 방법을 제공함으로써."[8] 동물원은 생산해내는 지식을 효율적으로 환원할 수 있어야 한다. 우리에는 표본들에 관한 설명문이 붙여지고, 학생 집단이나 일반인 집단은 전문가의 해설이 곁들인 관람을 한다. 동물원은 팸플릿이나 잡지, 혹은 활동들을 소개하는 다양한 수준의 책자들을 배포한다. 또한 대학연구소들과 연계될 수도 있다. 그럼에도 19세기 초 식물원 내에 설치된 동물원 이후로 사람들은 동물원의 학문적 및 교육적 비효율성에 대해 비난해왔다. 이 비난은 동물원의 발전을 유도해왔으며 최근까지도 되풀이되었다. 1883년부터 학자들은 순화원에 전시된 집단에게 행해진 관찰을 미심쩍어했다. "그토록 미비

---

8 A. 보르디에, 「순화원의 가우초들」, 《라 나튀르》, 1877년 2월, p.295. 브누아 쿠탕시에 · 크리스틴 바르트, 「순화원에서 : 타인에 대한 묘사(1877-1890)」, 『타인과 우리』, 앞의 책, p.144.

한 조건에서 관찰된 특징과 관습 대부분에 나는 그다지 중요성을 부여하지 않는다. (…) 개체들은 더 이상 자기 자신일 수 없는 환경으로 옮겨졌다. (…) 삶의 조건이 완전히 변한 것이다."[9] 생물학적, 인종적 연구를 위해서는 본래 환경에서의 관찰이 선호되지만 기술적으로 가장 발전된 동물원들이 널리 이용되었다. 어쨌건, 동물원의 정당성은 점차 학문적 연구에서 교육적 차원으로 넘어갔으며, 최근에는 위협받는 종의 보호라는 차원으로 넘어갔다. 노아의 방주라는 이미지는 이제 관중을 끄는 데 없어서는 안 되는 것이 되었다. 그 이미지가 적합하건 아니건 동물원은 무엇보다 그 정의상 여전히 오락의 장소로 남아 있다.

동물원의 세 번째 기능은 방문객들에게 스펙터클을 제공하는 것이다. 그러기 위해서는 표본들이 눈에 잘 띄어야만 하고, 관람객의 눈이 가능한 한 공연용 행동에 직접 접근할 수 있어야 한다. 숨어 있는 표본들은 좋지 못하다. 세기 초에 있었던 세인트루이스 축제에서는 "가을바람이 불기 시작하자 피그미인들이 움막 속으로 들어갔다. 그러자 일부 방문객들이 화를 냈다. 피그미인들을 사진 찍는 것도 어려울 뿐 아니라 그들을 보는 것조차 어렵게 되었다. 한 방문객이 그들을 나오게 할 생각으로 움막에 벽돌을 던졌다. 그러자 피그미인들이 그에게 달려드는 바람에 또다시 그들을 제어해야만 했다."[10] 시각적 접근 가능성은 좋은 조명이 있고, 불투명한 장애물이 시야를 가리는 일 없이 표본이 가까이 있다는 것을 전제한다. 불빛은 대개 자연 조명이지만 야행성 동물을 전

---

9 루이 마누브리에, 「순화원의 신할리족에 관한 보고서」, 《파리 인류학협회지》, 1883년, 제6호. 이자벨 갈라, 앞의 책, p.23에서 인용.
10 필립스 버너 브래드퍼드 · 하비 블럼, 앞의 책, p.162.

시할 경우에는 문제가 된다. 야행성 동물들의 수면리듬을 바꾸어 그들에게는 보이지 않는 불빛으로 낮 동안 밝혀야만 한다. 이와 마찬가지로 피신처로 쓰일 만한 어두운 구석도 제거한다. 관람객과의 근접성 문제는 장애물과 연관되어 있다. 관람객은 철책만 있다면 호랑이와 1미터 거리에 있을 수도 있다. 그렇게 되면 동물과 분리되어 있을 수 있는 것이다. 현대 동물원의 발전은 눈에 거슬리는 감금 기호인 철책과 창살의 발전을 통해 이루어졌다. "두랄루민으로 된 창살은 관찰을 방해하지 않는 가벼운 사육장을 실현해주었다." 그렇지 않으면 창살을 채색하기도 했다. "아제-르-페롱 공원의 짙은 초록색으로 칠해진 사각 창살은 수풀에 가려져 눈에 잘 띄지 않았다."[11] 또한 창살은 고정된 유리나 "사파리"에서처럼 움직이는 자동차 유리로 대체되기도 한다. 웅덩이와 비탈을 이용해 모든 물질적 차단막을 없애는 더 나은 방법도 있다. 뱅센에서는 1931년부터 우리 맞은편에 서 있을 경우에는 눈에 보이지 않는 가벼운 경사가 얼룩말과 기린과 영양이 뛰어넘는 것을 막고 있다. 그럼에도 동물들은 자유로워 보인다.

다음으로, 스펙터클은 실재라는 환상을 창출해내는 인위적 무대장치를 필요로 한다. 관람객이 야생 표본들을 보고 있다고 믿게 하기 위해서 가능한 한 원래의 환경을 재현해내야 한다. 일반적으로 펭귄 우리에는 인공눈을 넣고, 아프리카산 염소 우리에는 바위를, 원숭이 우리에는 나무를, 그리고 "흑인"을 위해서는 흑인들의 아이디어에 따라 백인 건축가들이 건축한 오두막을 집어넣는다. 1931년에 앙코르와트 왕궁을

---

11 Y. 레쉬스 · J. J. 페테, 『박물관의 동물들, 1793-1993』, 파리, 국립인쇄소, 1993, p.21.

재현해내고 동물원의 커다란 바위를 만들어내는 데도 동일한 기술이 사용되었다. 최근 들어 뉴욕 동물원에서는 "자연을 완벽하게 모방한 채색 플라스틱 무대장식과 자연적 배경을 한데 뒤섞어놓아 시설 관리도 한결 쉬워지고 관객에게는 착각을 불러일으켰다."[12] 주거지를 복제한 인공 배경은 이국적 인상을 유지하여 표본에게 "자연적" 행동을 하게 해준다. 그럼으로써 관객에게는 자유로운 상태에 있는 표본을 본다는 착각을 하게 만든다. "이 모든 짐승들이 누리는 자유는 환상인 동시에 현실이다."[13] 그것은 자유를 흉내 낸 "모조 자유"다.

마지막으로, 전시된 개체들의 행동은 긍정적인 방식으로 관객의 주의를 끌어야만 한다. 그러자면 행동이 필요하다. 동물이나 야만인이 게으름을 부린다면 활동하도록 자극해야만 한다. "전형적인" 활동을 강요하는 것이다. 디디에 대넹크스가 자신의 소설에서 1931년 식민지 전시회에 전시된 카나크인에게 하게 한 말은 참으로 시사하는 바가 크다. "우리는 돌보다도 딱딱한 거대한 나무둥치를 파내어 카누를 만들어야 했다. 한편 여자들은 정해진 시간에 필루필루 춤을 추어야만 했다. 처음에 그들은 여자들이 웃옷까지 벗고 가슴을 드러내기를 원했다. 나머지 시간에는 추위에도 불구하고 짐승소리를 내지르며 물웅덩이에서 먹을 감고 헤엄을 쳐야만 했다."[14] 대부분의 동물원에서는 식사시간이 동물원 입구에 명시되어 있다. 오직 맹수들이 동물 시체를 먹는 걸 보기 위해 동물원을 찾는 방문객도 있었다. 자연적 돌발사건이 일어난 것처

---

12 Y. 레쉬스 · J. J. 페테, 앞의 책.
13 칼 하겐베크, 앞의 책, p.267.
14 디디에 대넹크스, 『식인종』, 파리, 갈리마르(폴리오), 1999년, p.21.

럼 하면 훨씬 더 좋다. "하이에나에게 준 고기를 줄로 잡아당기면 마치 살아 있는 먹잇감을 잡는 것처럼 하이에나 무리의 추격을 유발할 수 있다."[15] 그 행동은 진짜 같아 보여야 한다. 조련이나 자극이 있더라도 그것이 눈에 띄어서는 안 된다. 가르친 몸짓은 자연스러워 보여야 한다. 강요된 행동도 자유로운 생활처럼 보여야 한다. 마지막으로, 행동은 사람들이 표본에게서 기대하는 것과 일치해야만 한다. 관객은 호랑이나 야만 원주민, 코끼리나 식민지 피지배인 "아랍인"을 보러 온다. 관객이 실망해서는 안 될 일이다. 동물원을 방문할 때 관객은 각 유형의 표본이 어떠하며 무엇을 해야 하는지에 대한 생각을 이미 품고 있다. 그 생각은 동물원의 연출과 다르지 않다. 한 번도 동물원에 와본 적이 없는 관객이라 할지라도 그렇다. 동물원은 생산자인 동시에 야생 삶에 대한 문명화된 표현의 중개자이기도 한 것이다.

동물원은 서커스나 장터축제가 아니다

얼핏 보면 동물원은 모순된 장치다. 갇힌 동물들의 생명에 대한 염려와 스펙터클 전시에 대한 요구는 양립하기 힘든 것이기 때문이다. 그 둘의 조합은 충돌을 일으킨다. 표본들의 건강이 우선이라면 빈약한 스펙터클밖에 되지 못할 것이다. 전시가 우선시된다면 표본들은 파리 목숨이 될 것이다. 학문적 주장은 감금상태의 제약과 잘 부합되지 못한

15 Y. 레쉬스·J.J. 페테, 앞의 책, p.28.

다. 갇힌 상태에서 보이는 행동의 행동생태학적 가치는 미미하다. 교육적 의지와 오락적 전시의 공존은 갈등을 불러일으킨다. 재미도 있으면서 교육적이기도 하기란 쉬운 일이 아니다. 동물원의 역사는 이 세 요소의 기복 심한 균형에 의해 형성되었다. 그 역사는 이러한 모순 너머로 특별한 형태의 통제와 동시에 특별한 형태의 스펙터클을 만들어냈다. 그런데 동물원 고유의 통제와 스펙터클, 그리고 그와 유사한 두 장치인 서커스와 장터축제를 구분하는 건 중요한 일이다.

현대 서커스는 18세기 말에 생겨났다. 그것은 두 가지 요소에서 장터축제 스펙터클과 구분되는데, 바로 트랙과 승마술이 그것이다. 처음엔 조련 시범과 승마 곡예가 서커스의 주된 스펙터클이었다. 서커스의 아버지들은 위대한 기수들이며 대개 옛 군인들이다. 초창기의 서커스는 결코 가족을 위한 오락이나 아이들을 위한 보상이 아니었다. 인간과 동물의 능수능란한 솜씨를 보여주는 것으로 전문적인 관중들이나 좋아했다. 그러다 금세 마술과 다양한 묘기들까지 보여주게 되었다. 저글링, 공중그네, 줄타기 곡예, 맹수, 코끼리, 곰, 개의 조련. 이런 묘기들은 인간에게나 동물에게나 오랜 훈련을 요구한다. 서커스는 하나의 직업이요, 경력이자 삶이다. 서커스 예술인들 대부분이 족벌을 이루며 아이들은 요람을 떠나자마자 훈련을 시작한다. 조련은 동물을 "변질시켜"야 생상태에서는 불가능한 일들을 수행하게 만든다. 그와 마찬가지로 훈련은 예술인에게 초인간적인 곡예를 하도록 해준다. 이는 조련의 효용성이 우리에 갇힌 표본이 잃어가는 자연적 행동을 재생산해내는 데 있는 동물원과는 경우가 다르다.

서커스에서는 행동의 통제 그 자체가 스펙터클이다. 조련과 훈련은 비범한 성과를 창출해낸다. 정상적인 사람에게는 불붙인 여덟 개의 횃불을 저글링하는 게 불가능한 일이며, 곰이 자전거를 타거나 호랑이가 불붙은 고리를 통과하는 것도 믿기 힘든 일이다. 훌륭한 묘기는 독창적이며, 완벽한 묘기란 이전에 한 번도 성공한 적이 없는 묘기다. 서커스 예술인들은 늘 새로운 공적과 한 번도 행해진 적이 없는 것의 실현을 추구한다. 서로 잘 아는 사람들 사이에는 경쟁관계가 생겨난다. 매우 간단한 것이긴 했지만—바닥으로부터 몇 미터 높이에서 뛰기—첫 공중그네 묘기는 생생한 성공을 거두었다. 18세기 말엽에 토머스 존슨은 두세 마리 말 위에서 선 채로 곡예를 했으며, 제이콥 베이츠는 네 마리 위에서 곡예를 펼쳤다. 서커스는 언제나 스포츠 위업과 예술적 전시를 조합한다. 스펙터클은 비현실성과 마술의 후광으로 둘러싸인다. 서커스 예술인들은 무대의상을 입는다. 강렬한 색채에 단추들이 빛나고 반짝이가 번쩍거린다. 무대배경은 금박과 거울을 많이 사용하는 로코코 연극의 무대배경과 흡사하다. 관객은 자신이 보고 있는 것이 어떻게 가능한지 모르기 때문에 그만큼 더 감탄한다. 불가능을 실현하는 요리법들은 관객에게 제공되지 않는다. 서커스는 그것이 실현하는 지식을 제공하지 않는다.

그와 반대로 동물원에서는 몸에 가해지는 통제와 연출로 현실을 모방함으로써 스펙터클을 만들어내려고 한다. 동물원은 현실을 초월하기 때문에 사람을 흥분시키는 것이 아니다. 이국적이며 먼 현실에서 온 것이기 때문에 흥미로운 것이다. 동물원의 스펙터클은 낯선 곳에서 온 낯선 현실을 전시함으로써 기쁨을 창출해낸다. 그리고 전시된 개체들에게서 가장 습관적인 행동들을 재현해내고자 한다. 요컨대 평범함을 목표로 한 조련이다. 관객이 찾는 것은 다른 곳에서 일상적으로 일어나는 것이다. 관객은 도시 한가운데서 사바나나 정글에 있는 모습 그대로의 동물들과 사람들을 보고 싶어 한다. 서커스의 조련과 훈련이 묘기들을 앞에 내세우는 것처럼 동물원에서 야생 표본의 통제는 잃어버린 자연스러움을 복제한다는 목표 아래 감춰진다. 동물원은 당연히 놀라우면서도 사실임직해야 한다는 엄격한 제약 속에서 펼쳐지는 스펙터클이다. 이런저런 표본의, 이런저런 행동의 기이함은 언제나 안내문이나 안내인을 통해 설명될 수 있다. 안내문이나 안내인은 모든 게 매우 자연스런 일일 뿐이라고 확인해준다. 관객은 자신의 일상과 어긋나 보이는 것을 이해했다는 느낌을 갖고서 그곳을 떠난다. "단지 흥행사에게 속할 뿐인 전시에 비해 학문적 전시가 갖는 우월성은 사람들이 찾는 것이 순수하고 벌거벗은 진실이라는 점에 있다."[16] 서커스는 명백히 공들여 만들어진 행위의 공연이다. 그 행동들이 비범하고 유일하며 믿기 힘든 것일수록 스펙터클하다. 서커스는 스펙터클하게 증폭된 현실을 창출해낸다. 동물원은 조련된 몸을 전시하되, 조련되었다는 사실은 감춘 채 그 외관이 참으로 자연스럽고 이해할 만한 것일 때 사람들의 마음에 든다. 동물원은 표준에 맞춰 축소시킨 낯섦을 창출해낸다.

　장터축제에서는 인어, 쌍둥이, 외눈박이, 털북숭이 여자처럼 동물이나 인간 괴물들을 전시한다. 어두운 공간에다 조명과 음악을 이용해서 관객의 관심을 사로잡아 무슨 소리라도 믿게 만들기 위해 호객꾼이 만들어낸 분위기를 가지고 연출한다. 피니어스 테일러 바넘은 19세기

---

[16] A. 보르디에, 앞의 책, p.145.

의 위대한 스펙터클 기획자 가운데 한 사람임에 틀림없다. 적어도 그는 어느 누구보다 광고를 이용할 줄 알아 세계적 유명세를 얻었다. 그의 명성은 무엇보다 미국과 유럽을 순회공연한 거대한 서커스와 수많은 놀라운 전시로부터 얻어진 것이다. 1840년대 바넘은 뉴욕의 스쿠더 미국 박물관을 인수한다. 그는 밀랍상들을 거인과 난쟁이와 불을 삼키는 사람들로 대체했다. 그리고 그곳에다 원숭이 몸통에 물고기 꼬리를 붙여 피지 섬의 인어로 전시함으로써 유명한 장난을 남겼다. 1871년 서커스에 곁들여진 "사이드 쇼side show"에는 팔레스타인 거인인 도트 제독, 피지 섬의 식인종, 그리고 기린 한 마리가 포함되었다. 스펙터클은 매번 길거리에 내다붙이고 신문에 낸 요란한 광고를 통해 알려졌다. 공연장소 앞에서는 어릿광대들이 행인들을 붙들고 입장권을 사도록 장광설을 늘어놓았다. 언제나 세계에서 유일한 스펙터클이라고 떠들어댔다. "엄청난 볼거리입니다! 여자의 몸으로는 한 번도 본 적이 없는 거대한 인간 산, 그 이름도 유명한 미스 제인 캠벨이 왔어요."[17]

괴물의 전시는 극단極端의 스펙터클이다. 그것은 전시물의 근본적 비정상성으로 관객에게 두려움이나 놀라움을 불러일으키는 육체적·정신적 특징을 부각시킨다. 1886년 링링 형제의 "괴물 쇼freak show"에 전시된 하이에나는 다음과 같이 묘사되었다. "인간을 잡아먹는 괴기스런 약탈자에 포식자요, 모든 피조물 가운데 최고의 악마로 무덤을 파헤치는 이 괴물은 밤의 어둠을 틈타 악마처럼 즐거워하며 조심스레 묘지를 향해 숨어들어 게걸스럽게 무덤을 턴다. 이 괴물의 끔찍한 웃음은

<hr>

17 1862년 7월 7일자의 바넘 스펙터클 광고 문구. 장 몽토, 『바넘』, 파리, 그라세, 1975년에서 인용.

1878년 피니어스 테일러 바넘의 지상 최대의 쇼 광고물
피니어스 테일러 바넘과 엄지동자 톰

"피니어스 테일러 바넘은 19세기의 위대한 스펙터클 기획자 가운데 한 사람임에 틀림없다. 적어도 그는 어느 누구보다 광고를 이용할 줄 알아 세계적 유명세를 얻었다. 그의 명성은 무엇보다 미국과 유럽을 순회공연한 거대한 서커스와 수많은 놀라운 전시로부터 얻어진 것이다."

피를 얼어붙게 만들며, 최고로 용맹스런 영혼들조차 공포로 옴짝달싹 못하게 만든다. 가는 곳마다 피투성이 흔적을 남기는 녀석들의 귀에는 죽어가는 이들의 헐떡거림도 음악처럼 들린다."[18] 이런 소개를 하고 나면 적어도 광고된 내용의 반쯤이라도 보여주기 위해 연출기교를 통해 현실을 충분히 변형해야만 한다. 익숙하지 않은 것을 대신하는 괴기스러움을 창출해내기 위해 진실을 살짝 손보는 것이다. 불균형과 기형을 부각시키기 위해 반대되는 극단을 대비시키기도 한다. "지구를 통틀어 이런 인간 맘모스가 전시된 적은 단 한 번도 없습니다. 이 작은 엄지동자 톰과 나란히 전시된 적은 더더욱 없습니다."[19] 같은 방식으로 바넘은 거대한 코끼리 점보를 전시하면서 난쟁이 코끼리와 나란히 두었다. 그러나 무엇보다 사람들은 거짓말하는 걸 망설이지 않았다. 161세인 워싱턴의 유모는 사실 그 누구의 유모도 아니었으며, 그저 반쯤 불수가 되고 앞을 보지 못하는 아주 늙은 사람이었을 뿐이다.

괴물은 단절을 만들어낸다. 그것은 생물학적, 심리학적, 사회적 법칙들을 깨뜨린다. 그의 몸은 있을 수 없는 것이며, 그의 헛소리는 이해 불가능하며, 그의 행동은 동화될 수 없는 것이다. 괴물은 평균 표준과 연결 지을 수 없다. 그는 단지 지나치게 혹은 부족하게 불균형한 것이 아니라 표준과는 전적으로 다른 것이다. 그는 동화될 수도 이해될 수도 없으며, 배제되어 있을 뿐이다. 좀 더 정확히 말해 괴물은 하나의 이름이다. 우리의 상상이나 이해력을 넘어서는 공연들에 붙여지는 만능의 이름인 것이다. 우리가 어떤 개인의 몸이나 행동을 이해할 수 없을 때

---

18 도미니크 장도, 『세계 서커스의 역사』, 장-피에르 들라르쥬, 1977년, p.63.
19 1862년 7월 7일자의 바넘 스펙터클 광고 문구. 장 몽토, 앞의 책에서 인용.

그는 괴물이 된다. "이해력과 추론능력이 사라질 때 마법의 말 '괴물' 이 만능열쇠의 구실을 한다."[20] 괴물은 이름 붙일 수 없는 것을 어쨌거나 이름 붙여야만 할 때 쓰이는 말이다. '괴물 쇼'는 광고와 속임수를 통해 관객의 이해능력을 넘어서는 대상을 만들어내는 것을 목표로 삼는 스펙터클 기술이다. 이 공연은 일상적 역량을 뛰어넘는 능력의 확장과 공통된 금기사항의 위반이 주는 특별한 즐거움의 기회다.

그러므로 괴물은 보다 큰 집단인 유형이나 종을 대표하는 표본과는 전혀 다르다. 표본은 아프리카 맹수, 마지막 식인종족, 아랍 장인 등과 같은 어떤 범주의 본보기가 되는 견본이다. 그것은 낯선 종을 대표할 수도 있고, 그것이 속하는 속屬에서 유일할 수도 있지만 규범을 깨뜨리지는 않으며 "규칙을 입증해주는 예외"처럼 규범을 견고히 해준다. 그렇다면 "불구는 자연에 부합되지는 않을지라도 어떤 면에서는 정당한 권리를 가진 존재다."[21] 그는 주어진 사회적 조건들 속에서 그를 불구로 만드는 비교적 뚜렷한 어떤 점을 지닌 정상인이다. 그의 차이점은 어떤 규칙에 따라 공통된 조건으로 되돌려질 수도 있다. 그렇게 되면 그는 더 이상 공포의 대상이 아니며 사람들은 그를 동정한다…… "하나의 규범이나 규칙은 권리를 인정하고 반듯하게 다듬고 다시 다듬는 데 소용되는 것이다. 표준화하고 정상화한다는 건 어떤 존재나 어떤 여건에 제약을 가하는 것으로, 제약의 시각에서 볼 때 그 존재나 여건의 다양성이나 잡다함은 낯설기보다는 적대적인 불명확성으로 보인다."[22]

---

20 알렝 브로사르, 『적의 몸, 과도폭력성과 민주주의』, 파리, 라 파브리크, 1998년, p.253.
21 미셸 푸코, 『비정상인들 : 콜레주 드 프랑스 강의록 1974-1975』, 파리, 르 쇠이유 / 갈리마르(고등연구), 1999년, p.59.
22 조르주 캉길렘, 『정상과 병적 이상』, 파리, PUF(사두마차), 1994년, p.177.

이와 마찬가지로, 동물원의 표본들은 혹시 이상異常이 있을지라도 생물학과 비교행동학의 공통된 규범 속에 포함된다. 동물원은 전시된 표본들의 정상성을 보여주는 걸 목표로 삼는 교육적 스펙터클이다. 전시된 호랑이, 기린, "야만인"은 비일상적이고 낯설지만 비록 주변에 머물지라도 규칙 속에 포함되어 있다. 그들의 "기괴함"은 이국적이고 자극적일지라도 단절을 낳지는 않으며, 괴물의 근본적 이질성이 주는 공포감을 불러일으키지도 않는다. 따라서 동물원은 현실의 스펙터클일 뿐 아니라 정상성의 스펙터클이다. 괴물의 전시는 진짜 몸을 공포를 불러일으키는 몽환으로 변모시키는 기술이며, 동물원은 마치 정말로 야성 그대로인 것처럼 구성한 몸을 보여주는 걸 목표로 삼는다.

동물원은 스펙터클이라는 목적을 위해 표본들의 행동을 통제한다는 점에서 약간은 서커스와 비슷하다. 또한 일상적으로는 접하기 힘든 것이기에 관객을 놀라게 하는 몸이나 행동을 전시하기 때문에 어느 정도는 장터축제와도 같다. 하지만 동시에 전혀 다르기도 하다. 동물원은 감옥이면서 연구실이자 극장이다. 동물원은 전시되는 개체들이 좋은 모르모트이자 좋은 배우일 수 있도록 전적인 관리 권력을 행사한다. 또한 적합한 우리를 설치하고, 전시된 종을 일러주는 무대를 연출하는 데 필요한 정보들을 기록하고 분류하는 지식도 산출해낸다. 통제를 통해 모든 게 가능하게 만들어 평범한 것을 매력적인 것으로 만들고, 학식을 통해 적법한 것으로 만드는 스펙터클을 제공한다. 이러한 술책은 동물원을 한 번도 공연된 적 없는 스펙터클이 행해지는 장소로 만들어준다. 사실적이며 정상적인 것을 무대에 올리는 오락적이면서 교육적인 스펙터클의 장소로 말이다.

　　미셸 푸코에게는 "우리 사회가 스펙터클의 사회가 아니라 감시의 사회다."[23] 이 말이 뜻하는 바는 우리가 행동 통제의 현대적 원칙을 찾기 원한다면 의심해야 할 것은 권력의 스펙터클한 표현도 연극도 아니요, 영화나 텔레비전이라는 것이다. 감옥이나 수용소 혹은 병원처럼 폐쇄된 기관과 학교나 회사나 놀이공원 또는 도시처럼 열린 기구들의 기능을 허용하는 것은 다양한 형태의 감시다. 푸코는 모든 감시의 기술적 원리를 다음과 같은 말로 요약하고 있다. "보이지 않은 채 보기". 고전적 감시 상황에서 통제는 경비원이 있고 그가 주의를 기울이고 있을 때만 이루어진다. 그가 등을 돌리는 순간 우리는 금지된 행동들을 할 수 있다. 우리가 보이지 않는다는 걸 알기 때문이다. 반면, 현대적 감시의 효력은 근본적으로 불균형한 조명의 창출에 근거를 두고 있다. 우리가 보고 있는 것에게 보이도록 만드는 상호적 가시성을 없애기 위해서는 불 밝혀진 사물들을 이어주는 조명 선을 끊어야만 한다.

　　질투심에서 비디오카메라로 이어지는 기술적 마술을 통해 우리는 정보를 포착하고, 감시당하는 사람은 그 정보를 통해 경비가 등을 돌리거나 눈을 깜빡이는 순간을 안다. 감시의 중심은 검은 구멍이며, 그 구멍은 빛을 흡수할 뿐 되돌려 보내지는 않는다. 눈에 보이는 것은 빛이 적은 어두운 중심으로 몰려들고, 그곳은 눈에 보이지 않는 감시의 눈의 은신처다. 관리인을 통한 감시의 통제는 지속적이지 않으며, 관리인의

---

23 미셸 푸코, 『감시와 처벌』, 파리, 갈리마르(텔 총서), 1975년, p.252.

실제적 존재에 달려 있다. "보이지 않은 채 보기" 식의 통제는 확인할 수 없다는 점 때문에 잠재적인 감시가 되어 지속적일 수 있다. 언제 감시당하는지 알지 못하기에 우리는 마치 항상 감시당하는 것처럼 행동하는 것이다.

이와 동시에, 익명의 감시인의 보이지 않는 눈은 일련의 제약, 보상, 처벌과 연결되어 있다. 감옥 안에 갇힌 사람은 사람들이 그에게서 기대하는 바를 알며, 공식적이건 아니건 규율들을 어길 때 격리될 위험이 있다는 사실을 안다. 슈퍼마켓에서 물건을 훔치거나 어리석은 짓을 해서는 안 된다는 건 모두가 알고 있다. 체포되거나 축출당할 위험을 무릅쓰고 싶지 않다면 말이다. 하지만 언제 카메라에 잡힐 수 있는지는 누구도 알지 못한다. "보이지 않은 채 보기"는 규범 체계와 연관되어 있다. 그것은 모든 사람의 등 뒤에서 지켜보는 실제 감시인 없이도, 오직 모든 사람에게 비춰지는 불빛의 통제만으로도 효과적으로 어떤 행동들을 하게 하고, 또 어떤 행동들은 하지 않게 만든다. 또한 행동들을 철저하게 알게 해주며, 그와 동시에 혹은 필요한 경우, 행위들의 잠재적 통제도 가능하게 해준다.

고전적 스펙터클에도 시각적 불균형이 있다. 무대는 환하게 불이 밝혀지지만 객석은 어둠 속에 남아 있다. 그럼으로써 관객은 배우들에게 눈에 보이지 않는 동시에 관객과 시선을 마주치지 않도록 보호받는다. 비현실적인 상황이 만들어지고, 그 상황 속에서 벌어지는 무대 위의 행동은 객석과 아무 관련이 없어 보인다. 극장에서 "사람들은 마치 눈에 띄지 않은 채 사적이고 내밀한 이야기의 흐름을 볼 수 있게 해주는 커튼이나 네 번째 벽 뒤에 숨은 것처럼 무대 위에서 일어나는 일을 좇는다 (…)"[24] 이 네 번째 벽은 무대배경과 조명, 그리고 마치 자신들 이외에는 아무도 없는 것처럼 연기하는 배우들이 만들어내는 것이다. 빛의 분할도 조명받는 곳을 극화하여 보이지 않는 관객으로 하여금 수동적인 관조에 몰두하게 해준다. 빛의 배포는 일방적이며, 어둠과 객석의 침묵은 무대 위의 시끌벅적하고 환히 불 밝혀진 연기가 잠겨 드는 우물이 된다.

　관객은 스펙터클 동안엔 자신의 대외적 인격이 걸려 있지 않은 만큼 더더욱 잘 받아들인다. 배우들의 연기에 대해서는 판관으로 남아 있으면서 자신은 더 이상 판단되지 않는 것이다. 관객은 대개 판단하기보다 흡수한다. 무대의 강렬함이 객석의 공허를 짓누른다. 정신은 온통 배우의 연기에 사로잡혀 그로부터 직접적인 인상을 받는다. 관객의 도취된 수동성과 무대의 마법적 자율성은 믿기 힘든 것일지라도 사실성의 효과와 행동으로 동참하는 효과를 낳는다. 이러한 비대칭에 근거를 둔 모든 스펙터클은 암시의 힘을 가지고 있다. 역할이 아무리 기이해도 무대의 마법으로 충분히 신빙성을 부여할 수 있다. 시나리오와 대사, 배우의 연기는 한 인물에게 거짓되고 허황되거나 위험한 내용을 부여할 수 있으며, 도취된 관객은 그것을 자신의 일상적 경험보다 더 사실적인 것으로 받아들이게 된다. 돈 후안은 스펙터클의 힘으로 일반명사가 되어버린 허구의 인물이다. 처음엔 시뮬라크르에 불과했던 것이 본보기적인 정체성의 힘을 갖게 된 것이다. 스펙터클의 강렬함이 허구 인물들의 "사실적 복제"를 불러일으키는데, 그것을 촉진하는 건 스펙터클의 비대

---

24 다리오 포, 『배우의 유쾌한 지식』, 파리, 라르슈, 1990년, p.111.

칭성이다. 스펙터클에 대한 전통적 비판은 플라톤에까지 거슬러 올라가는 것으로, 공연 내용을 통제하거나 거리를 두고 비판정신을 갖고서 그것을 받아들이기 위해 그것의 기교들을 탈신비화하는 것이다. 스펙터클의 힘은 경계의 오래된 원천이요, 스펙터클에 대한 비판의 무기도 오래 전부터 갈고닦아져 왔다. 스펙터클의 역사가 허구와 마법과 비판 사이의 갈등관계에서 비롯되었다고 할 정도다. 이런 의미에서 볼 때 어쩌면 푸코의 말이 맞는지도 모른다. 스펙터클은 파놉티콘 감시와는 반대로, 행동에 영향을 미치는 특별히 현대적 문제가 아니다.

그런데 현실이 스펙터클의 목표이자 대상이 될 때 새로운 시각 원칙이 나타난다. 파놉티시즘 구조나 고전적 스펙터클의 "보이지 않은 채 보기"가 아니라 특별한 속성을 지닌 "보면서 보이기"다. 동물원에는 보이지 않는 감시인도 배우도 어두운 객석도 없다. 모두가 환하게 조명을 받고 사방에서 시선들이 마주친다. 관람객은 그를 바라보는 표본을 관찰하며, 그와 동시에 다른 관중이 그를 엿볼 수도 있다. 전시된 자와 관객 사이에는 시각적 불균형이 없다. 둘은 같은 불빛 아래 있으며 동일한 정보를 소유하고 있고 동일한 현실 선상에 놓여 있다. 물론 표본은 조련되어 있으며, 무대배경 속에 있고, 군중을 위한 오락거리로서 자리하고 있다. 물론 관객은 기분전환을 위해 왔으며 자유롭게 동물원 안을 돌아다닐 수 있고 입장료도 지불했다. 하지만 감시도 없고 연극도 없다. 동물원의 스펙터클은 관객과 마찬가지로 명백히 실재하는 것이다. 관객은 상상 속의 다른 곳으로 이동하지 않으며 오히려 그 반대의 일이 일어난다. 일상을 벗어나 허구의 꿈속으로 떠나는 것이 아니라 이국적 꿈이 주말의 가족 나들이라는 일상성 속으로 내려오는 것이다. 그러면서도 거리나 숲이 아니라 분명 스펙터클이요, 미학적 즐거움을 목적으로 작업된 현실인 것이다.

동물원은 현실 스펙터클이나 스펙터클의 현실을 제시하는데, 그 속에서는 바라보는 자와 보이는 자가 같은 층위에 놓인다. 그것은 역할들이 끊임없이 뒤바뀌는 모호한 영역을 창출해낸다. "동화同化에 토대를 둔 관계가 형성되며(인간은 동류로 간주되고, 동물은 인간과 유사한 방식으로 분석된다) 상호적인 전시가 이루어져, 인간은 동물이 자기를 알지 못하는 걸 참지 못해 동물의 관심을 끌려고 애쓰고, 한편 동물은 구걸로 그에 응답한다.[25] 오래 전부터 동물원에 대한 비판은, 동물원 우리 앞에 서면 더 이상 누가 누구를 쳐다보며, 전시된 것이 누구며, 누가 관객인지 알 수 없다는 사실에 대한 것이었다. 1931년《일뤼스트라시옹》의 특별호에 실린 한 만화의 저자는 식민지 전시회 동물원의 동물들에게 이런 말을 하게 했다. "이 군중들보다 우리가 우월한 점은 이 모든 사람들이 우리를 보고 감탄하기 위해 40수sous를 지불했는데 우리는 그들을 보려고 아무것도 지불하지 않았다는 거야."[26] 동물원 관람에 관한 캐리커처에서는 종종 동물들이 말을 하고, 인간들은 찍찍거리거나 꿀꿀거린다. 이는 앵무새 신드롬이라고 불릴 수 있는 현상이다. 앵무새들은 야생상태에서는 흉내 내려는 경향을 보이지 않는다. 반면 갇히거나 전시되었을 때 앵무새들은 호기심이 동한 사람들로부터 자극받아 들었던 소리 가운데 일부를 재생하는 일에 몰두한다. 그 상황은 이중성을 띤다. 앵무새는 인간이 앵무새를 흉내 내며 "코코! 코코!" 하고 쏟아낸 소

<hr>

25 에릭 바라테 · 엘리자벳 아르두엥-퓌지에, 앞의 책, p.199
26 앙리오, 「동물들의 말」, 《일뤼스트라시옹》, 1931년 6월 27일, 제4608호.

리를 흉내 내는 것이다. 따라서 우리는 누가 누구를, 그리고 무엇을 흉내 내는지 더 이상 알지 못하게 된다. 인간은 앵무새가 하길 바라는 것을 흉내 내고, 앵무새는 인간이 상상한 앵무새를 흉내 낸다. 사람처럼 말하는 동물이 있고, 사람처럼 말하는 동물처럼 말하는 인간이 있는 것이다. 모든 게 돌고 돈다. 이 이중주에서 동물과 인간은 구분되지 않는다. 다만 매우 분명한 형상 하나가 나타나 표준이 된다. "코코는 비스킷을 원해!"라는 형상이다.

동물원에서 관객이 거리를 두고 바라볼 때 스펙터클은 우리 안에서만 벌어지는 것이 아니라 우리 앞에서도 벌어진다. 사람들은 표본이 관중의 자극에 어떻게 반응하는지 알고 싶어 한다. 그리고 아이들처럼 반쯤은 겁내는 척하는 일부 관람객의 우스꽝스런 몸짓에 웃는다. 사람들은 인간과 동물이나 "야만인" 사이에 생겨나는 관계에 관심을 갖는다. 스펙터클은 연극무대처럼 우리 안에 제한되지 않는다. 그것은 시설 전체로까지 확장되어 뱅센이나 식민지 전시회에서처럼 동물원 시설 자체가 거대한 무대장치가 된다. 사용되는 건물의 보이는 측면들은 연극용 가리개로 덮여 있다. 샛길들에는 이국적 식물들이 어김없이 자리하고 있다. 식당과 간이식당은 열대풍으로 장식되어 있다. 사납지 않은 작은 동물들이나 의상을 차려입은 사람들이 자유롭게 돌아다니게 한다. 스펙터클은 관객 앞에서 이루어지는 것이 아니라 그들 주위에서 이루어진다. 입구를 들어서는 순간부터 관객은 표본들과 함께 공연의 일부가 된다. 그들 역시 그 공연의 배우들인 것이다.

그런데, 시각적 불균형은 없지만 지위의 차이는 여전히 남아 있다. 전시된 개인과 관객은 동일한 현실을 공유하지만 같은 위치에 있지도 않고 같은 기능을 하는 것도 아니다. 조명은 동등할지라도 상황의 불평등은 존재한다. 한쪽은 보이기 위해 그곳에 있고, 다른 한쪽은 쳐다보기 위해서 있다. 표본은 다른 사람의 즐거움을 위한다는 구속적인 상황에 놓여 있다는 사실만으로도 열등한 위치에 있다. 요컨대 다른 생활방식이나 행동들을 표현하는, 구속받는 몸들이 펼치는, 자유로운 관중을 위한 스펙터클인 것이다. 그런데, 진짜 "야만인"을 보려면, 그 야만인과 다른 관객들이 지켜보는 가운데 그의 행동을 보려는 차별화 전략이 필요하다. 두 가지 경우 가운데 하나는 전시된 행동이 관객이 좋게 평가하는 이미지에 부합될 경우인데, 그럴 때 관객은 흉내를 내며 그것에 가까워지려고 애쓴다. 아니면 비방되는 에토스일 경우인데, 그럴 경우 관객은 그에 반대함으로써 스스로를 차별화할 수 있다. "보면서 보이기"는 지속적인 비교의 움직임을 낳는다. 내가 보고 있는 저 "야만인"은 내가 자기보다 우월하다는 걸 알아야만 해. 나는 문명인으로서 나의 우월성이 모두에게 보이도록 행동해야만 해. 야만인의 등이 굽었다면 나는 몸을 곧추세우고, 그가 빨리 말한다면 느리게 말하자. 그가 동작을 크게 하면 나는 절도 있게 행동하자. 전시대상이 비록 동물일지라도 비교는 상징적인 자세를 통해 이루어진다. 동물원은 인간이 동물의 행동에 부여하는 미학적, 나아가 윤리적 가치들이 무대에 오르는 살아 있는 맹수 감옥이다. 독수리의 자부심, 사자의 의연함, 하이에나의 음험함과 같은 가치들 말이다. 전통적 스펙터클과의 차이는 모방의 현실적 시간 속에 있다. 요는 모델로 제시된 모습들을 상상으로 흡수하는 것이 아니라 진짜 몸들을 마주 대하며 자신의 행동을 무의식적으로 거기에 맞추는 것이다. 그렇다면 반대하거나 모방하는 태도들이 동물원 경계를 넘어서고, 차별화 전략이 그 울타리를 벗어나며, 그것이 반복됨으로써 눈에 보이지 않고 헤아릴 수도 없는 방식으로 자세와 행동과 스타일에 영향을 주면서 전파된다고 가정할 수 있다.

하지만 이 변증법은 "왜곡된" 것이다. 아니 그보다는 전시된 행동이 조련된 것인 만큼 통제 아래 있다고 해야겠다. 그것은 돌고 돌기 마련인 흉내나 대립이 직접 관계된 규율과 학문과 스펙터클에 관한 규범들이 뒤섞여 낳은 결과다. 전시된 개인의 눈에 띠지 않는 인위성은 자연스럽고 진짜라고 생각되는 묘사와 행동들을 형성한다. "모조 자유", 가짜 야성의 스펙터클은 의식하지 못한 채 길들여진 반응을 불러일으킨다. 전시된 포로는 야성적 자유를 흉내 내고, 자유로운 관객은 갇힌 상태의 가짜 자유를 흉내 내거나 가장하기 때문에 둘 사이의 차이는 줄어든다.

동물원은 리얼리티 스펙터클의 가능한 모델로서 예속된 몸과 정체성과 인격을 통제하고, 생산하고, 전파하는 장치다. 그것은 감옥과 연구소와 극장을 섞어놓은 복합장치요, 다중기구다. 감옥으로서 그것은 전시된 몸들의 생활과 환경을, 공간과 시간을 제어함으로써 그들의 성향을 형성한다. 하지만 그것은 자유를 모방하면서 뒤로 감금상태를 감추고 있는 기이한 감옥이다. 감옥의 성향은 가능한 한 야성의 에토스와 가까운 제2의 자연이 되어야만 한다. 연구소로서 동물원은 생물학과 심리학과 표본들의 관계에 관한 지식을 산출한다. 동시에 그것은 다양한 기능을 가진 혼합된 지식이기도 하다. 그것은 관리 규율에 관한 지식이요, 표본들의 삶의 관리에 관한 학문적이고 수의학적이며 동물행동학적인 지식이다. 또한 야성의 교육적 전시에 관한 지식으로 예속된 진실성의 표현을 조종한다. 그렇기 때문에 그것은 감옥의 기능에도 소용되고 또한 감옥의 정당화에도 소용된다. 마지막으로 극장으로서 동물원은 전시된 에토스들과 관객 사이의 전염경로를 조정한다. 그것은 전시된 행동들에 따라 쾌감이나 불쾌감을 불러일으킨다. 진실한 것으로 지각되는 몸들에 대한 모방이나 차별의 반응을 낳는다. 하지만 그것은 무대도 객석도 없는 극장이요, 현실 스펙터클, 혹은 스펙터클의 현실로 그 속에서 우리는 언제나 배우인 동시에 관객이다. 동물원은 전시된 표본들의 진정성과 진실과 강렬함에 따라 스펙터클이 이루어지는 장치라고 말할 수 있을 것이다. 감옥은 거짓되지만 설득력 있는 진정성을 보장하며, 연구소는 마음을 높이게 하는 교육적 진실을 제시하며, 극장은 야성적 행동의 자극적인 강렬함을 제공한다. 리얼리티 TV도 그와 멀지 않다는 걸 보게 될 것이다.

리얼리티 TV와 동물원

리얼리티 TV는 현실의 연출로 오락 스펙터클처럼 거리를 두고 바라보는 것이다. 그것은 공들여 만들어졌음에도 사실처럼 보이는 상황 속에 처한 평범한 개인들을 보여주는 방송 프로그램들을 통틀어 가리킨다. 토크쇼에서는 무명의 초대 손님들이 자신들의 견해나 경험을 제시하며 진짜 삶의 한 토막을 보게 해준다. 조합 가능한 세 가지 유형에 따라 연출되는 건 무엇보다 그들의 말이다. 고백은 내면적 틀의 정화 효과에 힘입어 감춰진 진실을 밝히려고 한다. 증언은 초대객의 말을 사회적 조직 속에 통합시키며, 그럼으로써 무명의 시민들이 생각하고 살아가는 모습을 보여준다. 엄격한 검열은 무명인이 삶에서 한 선택들을 설명하고 정당화하고 책임지도록 압박한다.[1] 다른 한편, 수천 개의 웹캠은 아무개 개인들에게 사생활을 인터넷에서 드러내게 해준다. 대개 그

---

[1] 방송진행자 미레유 뒤마, 장-뤽 들라뤼, 에블린 토마의 방식이 이에 해당한다.

것은 평범한 실내, 소파, 책상, 자판, 그리고 주기적으로 컴퓨터 화면의 형광 불빛에 비친 어느 네티즌의 얼굴로 열리는 작은 창들이다. 웹캠의 연출은 한층 더 노골적이고 훨씬 직접적이며, 근본적으로 주거환경과 생활 양식을 대상으로 삼는다. 마지막으로, "새로운" 리얼리티 TV는 〈로프트 스토리〉 유형의 방송들과 더불어 주거환경과 행동들과 말의 스펙터클을 통합한다. 그것은 자연적 환경과 흡사한 배경 속에서 항시 촬영되는 개인들을 보여준다. 또한 무명인들의 성격과 반응에 대한 관심을 유발시키며, 보는 사람들은 그들과 자신을 동일시할 수 있다. 그것은 인간관계로 인해 빚어지는 작은 혼란상황에 처해 자신들의 진짜 특성을 드러내게 되는 "진짜 사람들"이 스페터클을 제공힌디.

그렇다면 동물원과 리얼리티 TV를 어떻게 비교할 것인가? 얼핏 보기에 들어맞지 않는 점, 열성적인 반대자가 우리에게 반박할 수 있는 점을 고려하는 것부터 시작해볼 수 있겠다. 먼저 리얼리티 TV는 감옥과 아무런 관계가 없을 것이다. 왜냐하면 화면에 전시되는 것은 자유롭고 자발적인 개인들이기 때문이다. 그렇지만 전시된 야만인이나 식민지 피지배자들도 대개 자유로웠다. 하지만 동물들의 경우는 복잡하다. 왜냐하면 우리와 울타리가 떠나기 힘든 곳이 될 정도로 살아가기에 유리한 영토로 변할 수 있기 때문이다. 게다가, 미디어를 통한 표현은 막강한 구속을 가하기 때문에 노출된 사람들의 의지와 자유를 모호하게 만든다. 미디어에 출연하려면 선택되어야 하고, 자신의 역할을 자연스럽고 진실해 보이도록 연기해야 하며, 받는 돈의 값어치를 해야 하고, 고백이 주는 해방감이나 순식간에 유명세를 얻게 된 값어치를 해야 하는 것이다. 리얼리티 TV는 동물원처럼 감춰진 구속을 가하는 모호한 속박장치다.

　게다가 리얼리티 TV는 연구소를 닮지 않았다. 리얼리티 TV 비판자들이 보기에 그것은 어떤 지식도 산출하지 못하는 쓰레기 방송일 뿐이다. 옹호자들이 보기에 리얼리티 TV는 무명인들의 말을 직접 중계해준다. 따라서 리얼리티 TV는 표본들에게 실험은 행하지 않으면서 개인들이 대중 앞에서 자신을 털어놓음으로써 자신을 좀 더 잘 알 수 있게 해준다. 이 두 가지 관점은 토론해볼 여지가 있다. 리얼리티 TV가 소위 교양 프로그램이 그렇듯이 합법적인 지식을 산출해내지 못한다고 해서 그것이 전혀 아무것도 산출해내지 못한다는 의미는 아니다. 리얼리티 TV는 숨겨진 말들을 "밝혀내고", 일상적이지 않은 행동들을 보여주며, 사회적 문제를 드러낸다. 그리고 수백만 TV 시청자들의 일상을 이해하도록 돕는다고 주장한다. 그와 동시에 리얼리티 TV가 무명인들의 표현을 지배하는 것 같아 보이지 않는다고 해서 그것이 영향을 미치지 않는다는 뜻은 아니다. 리얼리티 TV는 무명인들을 계획된 상황 속에 놓는데, 그 상황은 직접적인 구속만큼이나, 그러나 훨씬 은근하게 어떤 행동들을 하게 하거나 하지 못하게 막는다. 그것은 비일상적인 상황에 처한 평범한 개인들의 행동을 관찰하도록 부추긴다. 말하자면 실험을 하는 것이다.

　또한 리얼리티 TV는 야생성의 연극과는 아무런 관계가 없을 것이다. 동물원 스펙터클의 매력은 이질성과 야수성과 이국성의 전시에 있다. 리얼리티 TV는 평범함과 일상의 스펙터클이요, "동일성"의 스펙터클이다. 그런 반면 동물원은 다만 평상시에 접근 불가능한 것이기에 스펙터클할 뿐인 일상을 보여준다고 주장한다. 그와 마찬가지로 리얼리티 TV

는 정상적으로는 감춰진 작은 차이점들을 드러내기 때문에 사람들의 관심을 불러일으킨다. 여기서 전시되고 사람들 마음을 사로잡는 것은 동일성이다. 어둠에서 강렬한 빛 아래로 건너가는 것은 가장 진부하고 일상적인 몸짓들인 것이다. 더욱이 동물원이 "이질성"을 보여주는 것은 사실이지만 그 이질성을 규율과 지식과 스펙터클이라는 삼중의 규범 속에 흡수하는 조건하에서다.

우리는 부정적인 논증을 뛰어넘어 리얼리티 TV가 동물원 스펙터클이라는 사실을 증명할 수 있다. 리얼리티 TV는 그러한 형태와 기능과 결과를 가지고 있다. TV가 대개 서커스나 장터축제와 닮았다면 리얼리티 TV 프로그램들은 모든 리얼리티 스펙터클이 그러하듯 근본적으로 동물원과 닮았다. 대중 스포츠는 현대적 서커스 게임이다. 원형경기장은 사라지지 않았다. 대결도, 챔피언도, 응원자들도 그대로 있다. 천막 아래에서 행해지던 서커스의 후예인 뮤직홀은 가수들과 코미디언들, 배우들과 또 다른 광대들이 군중을 즐겁게 하는 휘황찬란한 스펙터클을 보여준다. TV 게임은 참가자들에게 육체적, 지적, 혹은 사회적 "위업"을 달성하길 요구한다. 고무줄뛰기, 역사적 사건의 날짜 대기나 혹은 자기 부인에 대해 잘 알기 등. 이러한 게임들은 거창한 무대에서 겉치레 미소를 짓고 있는 "공정한 아무개 씨"가 진행하는 가운데 펼쳐진다. 요컨대 스포츠, 뮤직홀, 게임은 TV로 방송되는 서커스의 세 가지 구성요소인 셈이다. 괴물 전시는 허구와 뉴스 사이를 오간다. 영화와 시리즈물은 극단을 즐기는 합법적인 쾌락의 기회요, 기이함과 과대폭력에 대한 절제된 소비의 기회다. 뉴스는 중심부에서 벗어난 얼굴들을 무대에 올리며, 그것들을 흐릿하게 하고 축적함으로써 괴기스러움을 창출해낸다. 극단적인 범죄자, 유아 성도착자나 혹은 연쇄살인범에 대한 두려움을 생각해보라. 하지만 그것은 사용되기 위해 만들어진 괴물의 "순화된" 얼굴들일 뿐이다. 뉴스거리 괴물의 표준을 벗어난 측면은 표준을 벗어난 정치적 결정들을 받아들이게 하는 데 소용된다. 민주주의에서 자유재량권의 통상적 사용은 민중의 비통상적인 두려움에 근거를 두고 있다.

리얼리티 TV는 서커스와 장터축제의 요소를 조합할 수는 있지만 동물원 전시와는 구분된다. 그것은 표본들을 포착해 그들의 말과 행동을 어느 정도 엄정하게 제어하는 장치 속에 둔다. 리얼리티 TV는 전시된 개인들에 관한 지식을 산출해낸다고 주장한다. 다시 말해 표본들을 특징짓고, 그들이 어느 사회적 종에 속하는지 일러준다. 그것은 단역들을 즉흥적인 행동들을 불러일으키기에 적합한 환경 속에 집어넣는다. 그리고 조종 장치에 힘입어 진행자나 단순한 관계놀이를 통해 강렬하고 진실한 행동들을 부추긴다.

리얼리티 TV는 동물원처럼 "보면서 보이기"의 원리에 따라 작동한다. 이는 모순 같아 보일 수 있다. TV는 미디어이기에 관객은 자신들이 보고 있는 스펙터클과 즉각적으로 접촉하지 않는다. 이미지와 음향을 배포하는 일방적 장치에 의해 돌이킬 수 없이 멀리 떨어져 있다. TV 시청자들은 보긴 하지만 어떤 경우도 보이지는 않는다. 겉으로 보기엔 명백해 보이는 이 반박은 부정확하다. 먼저, 리얼리티 TV의 개념은 상호 작용성의 개념 위에 토대를 두고 있다. 토크쇼에서는 종종 TV 시청자들에게 전화로 투표하거나 직접 개입하기를 요구한다. 〈빅 브라더〉와 같은 유형의 모든 방송은 시청자들의 투표를 집어넣는다. 인터넷에서

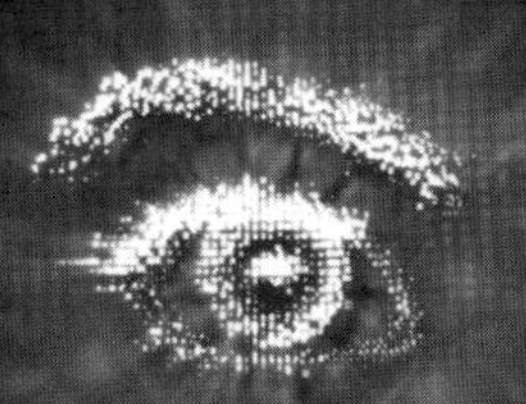

프랑스의 M 6에서 방영한 〈로프트 스토리〉의 로고
호주의 채널 10에서 방영하는 〈빅 브라더〉의 로고

"리얼리티 TV는 동물원처럼 "보면서 보이기"의 원리에 따라 작동한다. (…) 먼저, 리얼리티 TV의 개념은 상호작용성의 개념 위에 토대를 두고 있다. (…) 리얼리티 TV의 성과는 이중적 웹캠으로, 그것 덕에 개인들은 번갈아가며 배우와 관객이 된다."

전세계적으로 비슷비슷한 모습을 띠는 '빅 브라더 방송'의 로고는, 리얼리티 TV를 바라보는 시청자의 눈이면서 동시에 시청자를 응시하는 리얼리티 TV의 눈이라는 점에서, 이중적이다.

자신을 드러내는 사람들은 잠정적인 방문객들과 얘기를 나눈다. 리얼리티 TV의 성과는 이중적 웹캠으로, 그것 덕에 개인들은 번갈아가며 배우와 관객이 된다. 네덜란드 TV에서 리얼리티 스펙터클의 첨단을 달리는 한 프로그램은 바를 운영하면서 최고의 요리법을 위해 경쟁하는 두 집단의 젊은이들을 무대에 올린다. 그들이 운영하는 바와 그 위에 위치한 아파트까지도 촬영된다. 무엇보다 새로운 것은 누구라도 이 바에 와서 소비하면서 그 방송에 대한 정당한 권리를 누리며 배우로서 TV에 나올 수 있다는 점이다. 그리고 좀 더 깊게는, 리얼리티 스펙터클의 관객은 그 정의상 공연 속에 포함되어 있다. 관객은 자신을 닮은 무명인을 통해 무대 위에 자리하고 있는 것이다. 리얼리티 TV 무대 위에서 보여진다는 사실은 관객들 마음속에 내면화된다. 모든 게 거기에 토대를 두고 있다. 이 방송들이 성공을 거두는 것은 시청자가 다른 사람들과 마찬가지인 사람들에게 관심을 갖기 때문이다. 한 초대객이 어떤 입장을 옹호할 때 관객은 자신이 보여지고 있다고 느끼며 그 입장에 동조하거나 반대한다. 이 연루와 동일화 현상은 모든 형태의 스펙터클에 존재하지만 리얼리티 스펙터클은 TV에 의해 생겨나는 거리두기 효과를 없애려고 하는 것이기 때문에 바로 이 현상이 확대된다. 리얼리티 스펙터클은 "진짜 사람들"을 위해 "진짜 사람들"의 에토스를 보여준다. 그렇게 함으로써 무대 공간을 일상생활로 확대한다.

마지막으로, 리얼리티 TV가 추구하는 목표나 혹은 적어도 만들어내는 효과는 리얼리티 스펙터클의 계열로서 동물원의 그것과 마찬가지다. 요컨대 자연스런 면모를 지닌 거짓 정체성들, 캐릭터들을 만들어내는 것이다. 그렇게 만들어진 캐릭터들은 익명으로 통용되게끔 되어 있다. 그것은 동물원이 동물 종이나 인종 유형을 정의하고 보여주듯이 심리학적이자 사회적인 종들을 정의하고 보여준다. 따라서 리얼리티 TV와 동물원의 유사성을 통해 야기되는 문제점은 무명의 배우들을 동물처럼 다룬다는 것이 결코 아니다. 문제는 표본들을, 총칭적인 에토스들을 만들어내고, 그것의 지위를 격상하고, 그럼으로써 그것의 전파를 보장하는 리얼리티 스펙터클의 힘 안에 있다. TV화된 동물원은 일상보다 훨씬 자연스럽고, 훨씬 강렬하고, 훨씬 진짜 같은 현실을 보여준다. 수동적인 관조의 습관으로 일상을 은폐하거나 감염시키는 힘을 소유한 현실을 말이다. "거울-TV는 과거에 속한다 (…). 오늘날의 관건은 행동들을 이해하고 분석하는 것만이 아니라 바꾸기도 하려는 것이다."[2] 그것이 어떻게 이루어지는지는 앞으로 살펴보아야 할 문제다.

2 파스칼 브뢰뇨. 파트릭 샤로도 · 로돌프 기글리온, 『빼앗긴 말 : 텔레비전의 한 장르, 토크쇼』, 파리, 뒤노드(사회 총서), 1997년, p.20에서 인용.

제2부

리얼리티 스펙터클과 행동 길들이기

"모든 사회에서 담론의 산출은 담론으로부터 권력
과 위험을 쫓고, 우연한 사건을 통제하고, 무겁고 무시
무시한 물질성을 피하는 역할을 지닌 일정한 절차들에
의해 통제되고 선택되고 조직되며 재분배되는 것으로
생각된다."

　　　　—미셸 푸코,『담론의 질서』

전시물 길들이기

무대장치

환경은 몸에 영향을 미친다. 한 유기체의 환경은 그 유기체의 호흡과 영양섭취와 이동에 어느 정도 적합한 것이어야 한다. 지능을 가진 존재에게 환경은 방대하고 풍요로우며 위협적일 수 있다…… 그렇기에 생명체들은 자신의 생존과 가능성의 발전에 적합한 환경을 갖추기 위해 에너지를 소비한다. 주변 환경의 정비란 거주지를, 다시 말해 외부로부터 보호해주고 고유의 활동을 할 수 있게 해주는 장소를 건축하는 것을 말한다. 인간은 무엇을 할지에 따라 자신의 거주지를 정비한다. 이렇듯 건축가는 이론적으로 사람이 살 것이라는 생각을 갖고 건물을 건축한다. 그 안에서 펼쳐질 생활과의 관계를 생각해서 건물의 형태를 구상한다. 그는 사용 기능에 따라 방의 크기를 정한다. 방과 외부로 연결되는 통로들도 예측한다. 또한 건물이 도시의 조직망 속에 확실히 끼어들 수 있도록 한다. 주거지의 형태는 직접적으로 물리적, 심리적, 사회적 결과를 낳는다. 내부는 문들이 향하는 외부에 의해 규정된다. 벽이 시야를 차단하거나 창으로 빛이 통과하는 것은 하찮은 사실이 아니다. 방의 배치와 설비는 그것의 용도를 결정짓는다. 각지거나 둥근 형태들, 매끄럽거나 거친 표면, 어둡거나 밝은 색채들은 정신에 영향을 미친다. 주거지의 미학은 거주자의 에토스에 영향을 미친다. 그것은 질병과 죽음의 요인이 되듯 건강과 발달의 요인이 될 수도 있다. "거주자가 자살하도록 접합된 벽들이 있는가 하면, 지나치게 섬세하게 구상되어 거주자가 이사를 하게 되는 구석들도 있으며, 너무도 비뚤어져 허식에 찬 정신을 갖지 않은 거주자일지라도 우울증에 빠지게 되는 공간들도 있다…… 한 공간을 거주할 만하거나 그렇지 못하게 만드는 소리와 색채, 그림자와 빛, 자재 등은 고려하지 않더라도 말이다."[1] 그렇기 때문에 모든 개인은 가능한 한 적합한 조건을 갖추기 위해 자신의 주거지를 변형한다. 자신을 둘러싸는 주거지를 꾸미는 물질에 투자하고, 개별적 요구에 따라 그것을 제작한다. 그리하여 주거지는 그것을 직접 만들고 그곳에 살게 될 사람의 확장이 된다.

주거지와는 반대로 무대장치는 무엇보다 외부에 작용하는 기능을 갖는다. 연극배우는 무대장치로부터 영향을 아예 받지 않거나 아주 적게 받는다. 그는 그곳에서 사는 것이 아니라 연기를 하는 것이다. 관객에게 무대장치는 사실적인 인상을 안겨준다. 무대는 뒤에서 환상을 지지해준다. 덧없음과 눈속임이 왕이다. 무대장치는 공연시간 동안만 설득

---

1 티에리 파코, 「건축과 배제」. 세르주 포강(책임편집), 『배제 : 지식의 상태』, 파리, 라 데쿠베르트(디딤돌 텍스트 총서), 1996년, p.278.

력 있어야 한다. 그것은 시각적 위장으로 관객이 그것과 접촉해서는 안 된다. 관객이 그걸 만지면 환상은 무너지고 배우들은 벽을 이루던 채색된 나무판자들, 하늘을 표현하던 파란색 천에 둘러싸이게 되고, 태양도 한낱 조명에 불과하게 된다. 무대장치의 형태는 꽤 거리를 두고 앞쪽 어둠 속에 잠겨 있는 사람에게 미학적 효과를 불러일으키도록 구상되었다. 무대장치는 우리가 그 앞에 있지만, 주거지는 우리가 그 안에 머문다. 무대가 사라지게 하려면 눈만 감으면 된다. 반면 거주지가 사라지게 하려면 몸과 영혼이 떠나야 한다. 주거지는 현실적으로 삶과 생존의 조건이 되며, 무대장치는 꼭 필요하지 않은 일시적 즐거움을 주는 환상이다.

리얼리티 스펙터클은 주거지와 무대장치의 구분을 흐려놓는다. 단역들을 관객에게 자연스러움의 인상을 주는 동시에 생활의 틀 구실을 하는 무대장치 속에 배치하기 때문이다. 주거지가 인위적이면 무대가 되며, 생활환경으로서의 무대는 주거지가 된다. 배우가 자기 집에서 공연을 하는 인터넷상의 노출의 경우도 마찬가지다. 그는 자기 영역을 차지하고 있다. 그리고 필요에 따라 그곳을 정비했다. 거기엔 그의 습관들, 그가 자주 오가는 도정들, 그가 좋아하는 구석들이 있다. 그는 그곳의 작동 규칙들을 알고 있으며, 물이 나오게 하고, 방을 데우고, 음식을 준비할 줄 안다…… 인터넷에서 그는 자신의 은신처를 드러낸다. 동시에 카메라의 존재가 주거지의 기능적 구조를 스펙터클의 베일로 뒤덮는다. 그 베일로 인해 모든 사물들은 새로운 의미를 갖게 된다. 이제는 그것들이 자신을 위해 맞춰졌는지를 아는 것만이 아니라, 그것들이 존재하면서 동시에 부재하는 다른 사람들에게 어떤 반응을 불러일으킬지를 아는 것도 관건이다. 생활공간과 시간은 가시범위에 따라 구성된다. 촬영 각도와 보이는 측면과 감춰진 측면을 고려해야 한다. 빨랫감을 소파 뒤에 쑤셔 넣어 지저분한 것을 감추거나 촬영할 만하지 않은 친구에게 카메라 뒤로 가라고 요구할 수도 있다. 〈빅 브라더〉에서처럼 선택의 여지가 없을 때는 합당치 않은 행동들을 가리기 위해 가리개를 이용하면 된다. 그 다음엔 촬영되는 영역을 고려해야 한다. 무대장치의 요소들을 압축하고, "좋은 취향"이라고 생각되는 모든 것을 눈에 띄게 두거나 오점이 될 우려가 있는 물건들은 무대 뒤로 옮길 수 있다. 카메라는 주거지를 무대와 무대 뒤로 나눈다. 우리는 주거지 곳곳에서 생활했다. 그런데 이제는 이곳에서는 연기를 하고 저곳에서는 더 이상 연기를 하지 않는다. 〈빅 브라더〉의 초기 방송분에서는 화장실조차도 촬영되었다. 이 일은 예의에 어긋난다는 이유에서도 스캔들을 불러일으켰지만 또한 더 이상 무대 뒤가 없다는 것도 문제가 되었다. 스펙터클의 무대는 보이지 않는 무대 뒤와 연계되어 있을 때만 존재한다. 무대 뒤의 보이지 않는 부분은 그 무대 뒤가 아무리 최소한의 공간으로 축소될지라도 스펙터클로서 보여지는 것을 규정짓는다. 마지막으로, 시간의 활용은 촬영 단계에 따라 구성되며, 일상적 무대는 실제적 혹은 잠정적인 눈의 방문을 위해 준비된다. 카메라는 실제로 산 시간을 해석된 시간 아래에 둔다. "우리는 정말이지 휴가를 가질 수가 없다 (…) 그랬다간 시청자들이 불만을 품을 것이다! (…) 우리는 세상 사람들과의 관계를 만들어냈으니 모두의 말에 귀를 기울이고 있어야만 한다."[2]

2 〈여기 그리고 지금〉 기획(웹캠으로 잔뜩 채워진 학생 기숙사)에 참여한 아담. 소피아 마르텡, 「그들은 24시간 카메라의 눈 아래에서 생활한다」, 《팜 악튀엘》, 2000년. 이 기획은 2001년에 끝났다.

물론 삶의 장소는 언제나 가족과 친구, 혹은 우연히 찾아온 손님들과 함께 만드는 일상적 공연의 무대다. 하지만 인터넷과 TV, 스펙터클의 현실에서와 마찬가지로 리얼리티 스펙터클에서도 관중은 방대하며 선택된 것이 아니다. 우리는 스스로를 드러내는 건 결정하지만 누가 볼지는 결정하지 못한다. 주거지의 "무대장치화"는 강화된다. 공간과 시간의 은폐, 집약, 단순화가 매우 중요해진다. 요소들의 선택과 그것들의 배치는 알지 못하는 관중의 가정된 취향에 따라 영향받는다. 길들여진 틀로부터 관객을 벗어나게 할수록 그 정비와 그곳에 사는 방식에 관한 규칙들의 통제를 포기하게 된다. 사회적 코미디는 스펙터클 코미디로 바뀐다. 한편, 우리가 부여하기 원하는 이미지를 흐리는 요소들을 은폐함으로써 삶의 틀을 단순화한다. 지나치게 복잡한 무대장치는 읽히지 않는 법이다. 다른 한편, 관객의 명확한 범주를 드러내줄 취향들을 대표하는 요소들을 집약함으로써 무대장치를 특수화한다. 유형화된 무대장치는 대번에 의미를 띤다. 그렇게 되면 어쨌건 스펙터클한 부분이 기능적 부분을 대신하는 환경에 적응해야만 한다. 실시간으로 인터넷에서 이미지가 배포되는, 마이크와 카메라가 잔뜩 장치된 집에 새롭게 참여하게 된 사람은 무장해제된 상태다. "증인이 있건 없건 이 집에서 사는 건 즐겁다…… 하지만 나는 천진하게 나 자신을 내맡길 준비가 되어 있는 것 같지 않다. 이 새로운 환경에 맞춰 내 삶을 재편성할 시간이 조금은 필요할 것 같다."[3] 주거지-무대장치에 적응한다는 것은 관중의 간청을 마치 환경적 제약이라도 되는 듯 받아들이는 것이다. 주거지는 사

3 이브 외드, 「오베를렝의 이상야릇한 파란집」, 《르 몽드》, 2000년 4월 28일.

는 곳이며, 무대장치는 연기를 하는 곳인데, 주거지-무대장치 속에서의 삶은 코미디요, 생존 연기가 된다.

주거지의 "무대장치화"는 무대장치의 "주거지화"와 교대된다. 마케팅으로 고안되어 광고로 소개되는 물건들은 스펙터클의 힘에 의해 마법의 후광으로 둘러싸이게 된다. 유명 상표의 가구 광고에서 어느 아름다운 젊은 여인이 자기 가구를 자랑스럽게 여기는 남자 집에 초대받는다. 불행히도 그녀는 광고 대상 상표의 가구를 갖춘 맞은편 아파트를 본다. 그녀는 가련한 남자를 버리고 인테리어가 기막히게 잘 된 남자에게로 간다. 가련한 남자의 책장은 애처롭게 무너진다. 여기서 가구는 단순한 사물에서 유혹적인 자석이, 사랑의 미약이 된다. 하지만 사고 나면 그것들은 이상성理想性에서 일상의 진부함 속으로 떨어지고 만다. 최후의 불경한 거주지가 되기까지 추락하고 만다. 하지만 다행히도 그것들은 약간의 마법을 지닌 채 추락하며, 그 마법으로 우중충하고 침울한 현실을 환하게 비춘다. 어쨌든 제 역할을 하고 스펙터클의 효력을 최대한 보장하는 미학적 규칙들을 지킨다는 조건하에서 그렇다. 광고는 세련된 취향이라는 마법이 걸린 밑그림을 제공한다. 서로 다른 상표들을 사용하는 걸 권하지 않는 것은 부엌 세트나 거실 세트의 마법의 힘이 사라지기 때문이다. 스펙터클한 전시 덕에 사람들이 갖고 싶어 하는 물건들은 스펙터클한 방식으로 일상적 무대에서 소개되고 구매된다. 이렇듯, 광고 무대장치의 "주거지화"는 각 개인의 주거지의 "무대장치화"이기도 하다. 이와 마찬가지로, 대부분의 가구 가게에서 가구와 장식은 무대 형식으로 전시된다. 유형화된 거실과 부엌과 방들은 사실적으로, 그리고 "세련된 취향"으로 전시되고, 그곳의 각 사물은 팔려고 내놓은 것이다. 미학적 전시는 방문객들에게 침대-소파와 너무도 잘 어울리는 낮은 탁자를 사라고, 그리고 그 모든 걸 부각시켜주고 전체에 개성을 부여해주는 등燈도 같이 못 살 이유가 뭐 있느냐고 속삭이는 사물들 사이의 관계를 창출해낸다. 이국정서가 유행이라면 "선禪과 관계된 물건들"을 곁들인 "다다미"풍의 일본 가구나 혹은 "벵갈"풍 가구로 거실에 인도의 매력을 줄 수도 있을 것이다. 광고와 마케팅이 만들어낸, 주거지 요소들의 마법적 미학에 힘입어 현실은 스펙터클이 된다. 소비자들은 어느 정도 전시된 그들의 일상적 공연 속에서 스펙터클을 구체화한다. 따라서 미국이 되었건 프랑스가 되었건 혹은 스웨덴이 되었건 여러 시트콤과 슈퍼마켓과 〈빅 브라더〉의 인디넷, 그리고 모든 사람의 집 내부가 서로 닮은 경향을 띠는 건 전혀 놀라운 일이 아니다.[4] 산업적 표준화에 취향의 표준화가 덧붙여진 것이다. 같은 유형의 가구들이 수천 점 존재하며, 그것들은 무대에서 유사한 방식으로 배치된 채 수백 번씩 전시되었다. 스펙터클의 현실적 측면은 모든 영역을 소통하게 만드는 경로다. 시트콤 거실의 사실성은 〈빅 브라더〉 거실의 사실성을 향해 흐르고, 이것은 웹캠을 통해 제공되는 네티즌의 거실의 사실성을 향해 흐르며, 이는 다시 모든 사람의 거실의 사실성을 향해 흐른다. 이것은 결국 이국정서의 철저한 결핍에 이를 수 있다. "이 점이 〈로프트 스토리〉를 질리게 만든다. (…) 그 장소는 음울하다. 우리가 이케아 가구로 장식된 아파트에 있는데 어째서 계속해서 이케아풍 아파트를 보아야 한단 말인가."[5] 현실의 스펙터클한 면모는 순환되는 기쁨을 창출

---

4 이런 현상은 지금까지는 주로 서양에서 볼 수 있는 것으로 여겨진다.
5 「대량생산이 겨냥하는 대중, 젊은이들의 판단」, 《리베라시옹》, 2001년 5월 3일.

해내는 에너지다. "진짜 사람들"의 생활은 그들의 인테리어가 "TV 속"에 있는 것과 닮을 때 덜 하찮고 훨씬 강렬해진다. 스펙터클이 일상으로 하강할 때 평범한 삶에 마법을 거는 만큼 반대로 그들의 일상적 인테리어가 미디어의 영역으로 상승할 때 대개의 경우 다양한 출처를 가진 판에 박힌 물건들로 이루어졌을지라도 행복해진다. 사물들 사이의 고유한 특성을 지닌 조직망은 깨어졌고, 사방으로 흩어진 누더기 조각만 남았다. 이것이 인테리어 장식가에게는 학살을 의미할지 몰라도 우리는 거기서 무기력한 자유의 표현을 볼 수도 있다.

하지만 단지 기능적이기만 했더라면 훨씬 더 획일적이었을 인테리어를 다양화해주는 것은 바로 주거지-무대장치의 스펙터클한 측면이라고 사람들은 말할 것이다. 이는 잘못된 얘기다. 모든 주거지는 유일하며, 분명한 조건을 가진 한 장소를 차지하고 있다. 특별한 개개인들이, 그들의 몸이(그들의 영혼이 아니라면) 그곳에서 산다. 이런 차원에서 볼 때 모든 설비는 근본적으로 서로 다르다. 왜냐하면 어느 장소에, 어느 개인에게, 또한 어느 순간에 적합한 특별한 필요와 욕망들에 응답하는 것이기 때문이다. 거기엔 '지금 여기' 식의 마케팅이란 있을 수 없다. 반면, 스펙터클의 속박은 구체적 상황 밖에 있는 장식 요소들을 유통시킨다. 그 요소들은 다른 곳에서 만들어졌다. 그 물건들, 그것들을 조합하는 스타일은 여러 가지일 수 있으며 "개성화될" 수 있지만, 그렇다고 해서 틀에 박히지 않은 건 아니다. 그만큼 표준화가 다양화를 막는 것이다. 우리가 원하는 만큼 표준을 늘일 수도 있다. 그래도 원리는 그대로 남는다. 요컨대 제조 규범에 따라 어떤 유형의 대중을 위해, 다시 말해 명확한 취향들(취향 자체도 생산품이다)을 가진 집단을 위해 물건들을

만들어내는 것이다. 일정 수준의 물건들에는 일정한 상업적 표적이 일
치한다. 더 나아가, 하나의 동일한 상품이 다목적 이미지를 창출하면서
다양한 층의 소비자들을 겨냥할 수도 있다. 물건의 표준화된 생산은 그
물건들에 대한 표준 취향의 산출을 필연적으로 초래한다. 오늘날 획일
화를 대체할 해결책으로 얘기되는 것들은 새로운 상업전략들일 뿐이
다. "고객맞춤제작"은 변형 가능한 물건이나 표준 물건들을 변형해주는
상품의 시장일 뿐이다. 홈메이드는 "자신의" 취향에 따라 장식한다는
아이디어와 그 재료의 시장이다. 하지만 사회적으로 효과적인 배치 패
턴들을, 장식품들을 생산하고 변형하는 패턴들을 제공하는 건 스펙터
클의 서로 다른 경로들이다.[6]

그럼에도 리얼리티 스펙터클은 자연적이며 즉흥적이라고 주장한다.
리얼리티 스펙터클이 판매를 부추기는 무대장치는 언제나 좋거나 나쁜
주거지로 규정되어 있다. 광고는 자기 자신이 되게 해주는 상품을 제안
한다. 좋은 무대장치는 부여하려는 이미지를 효율적으로 드러내주는
장치다. 좋은 주거지란 자기 고유의 잠재성을 개발하게 해주는 주거지
다. 좋은 주거지-무대장치는 하나의 역할 이미지에 따라 실제로 하나의
삶을 만들고, 그 역할을 가지고 실제 삶의 두께를 지닌 두 번째 살갗을
만든다. "우리는 (…) 그들의 진짜 삶을 성찰하게 해줄 환경을 만들어내
려고 애쓴다. 바로 그럴 때 그것은 마음을 사로잡는 것이 된다."[7] 더 광

---

6 "거실은 소란한 세상으로부터 멀리 떨어져 휴식하는 장소여야 한다.", "다목적 공간. 친구들을 맞이하
고, 혼자서 혹은 사람들과 더불어 편히 휴식하기 위해 유연성 있는 공간을 창출하기", "당신의 거실을 환
하게 만드는 몇 가지 아이디어", "당신의 거실을 설계하라. 무질서가 점령하도록 내버려두지 말라." 이케
아 인터넷 사이트에서 무작위로 선택한 인용문들.

7 조 간츠(인터넷 방송 프로듀서). 나탈리 주르노, 「난 웹에 살아. 우리 집에 놀러와」, 《리베라시옹》, 2000
년 6월 8일에서 인용.

범위하게는 주거지 양식들을 존재 양식과 일치시키려고 한다. 특정한 양식은 우리가 어떤 사람이며 어떤 사람이라고 생각하는지에 따라 이 끌림이나 혐오감 같은 직접적인 감정반응을 창출해낸다. 하지만 성격은 어느 정도 환경 속에 자리 잡은 습관들에 의해 형성된다. 주거지-무대장치 속에 사는 건 미학적인 만큼 윤리적이기도 한 결과를 가져온다. 이 논지는 순환적이어서 우리가 우리의 본성에 맞는 사물들로 주변을 채우는 건지 아니면 타인들이 가치를 부여한 무대장치에 우리가 적응하는 건지 알 수가 없다. 우리는 우리가 그 일부를 이루기도 하고 우리의 일부이기도 한 관중의 눈에 진짜처럼 보이게 하려고 진짜 물건들을 산다. 이토록 칭송되는 이 진정성의 기준은 그것을 보장한다고 여겨지는 주거지-무대장치의 배치에 달려 있다. 진정성은 표준화된 상품에 대한 판에 박힌 취향의 형성 논리에서 나오는 것이다. 무대장치가 주거지가 될 때 역할은 삶이 된다. 동물원에 갇힌 호랑이는 야생 호랑이에 대한 환상을 닮았다. 호랑이의 우리 안이 우리가 정글에 대해 품는 상상을 닮았듯이. 그와 동시에 호랑이의 울타리가 정글 한 *끄트머리*의 조건을 재생해낸다면 호랑이는 실제로 호랑이처럼 행동한다. 심지어 야생 호랑이보다 훨씬 더 진짜 호랑이가 될 수도 있다. 그만큼 진정성은 진짜 같아 보이는 외양에 불과할 따름이다. 동물원의 문제는 표본의 진정성 상실의 문제가 전혀 아니다. 오히려 표본이 진정성을 만들어낼 수 있기 때문이다. 문제는 그저 자유의 박탈에 있다. 실재적이면서 스펙터클한 박탈 말이다.

마지막으로, 무대장치-주거지는 관객에 대한 무내장치의 영향을 배우 쪽으로 옮길 수 있으며, 배우에 대한 주거지의 영향도 관객 쪽으로 옮길 수 있다. 이는 미디어에 전시된 사람의 경우에도, 또한 가정에 전시된 사람의 경우에도 사실이다. 거주자는 자신이 살고 있는 주변 환경에 의해, 자신이 바라보는 무대장치에 의해, 자신이 연기하는 무대에 의해 규정된 배우이자 관객이 된다. 혼자일지라도 "보면서 보이기" 원리는 작동한다. 거주자는 배우이자 무대장치가로서 자신의 주거지를, 알지 못하는 관중의 취향에 기대하는 효과를 창출해내야 하는 무대로 본다. 관객으로서 그는 관중의 기준에 따라 외부로부터 자신의 환경을 판단한다. 리얼리티 스펙터클의 다양한 경로를 통해 유통되는 정돈된 무대와 사물의 유형들은 그 외양적 다양성에도 불구하고 동질의 한 존재양식을 장려하는데, 그 존재양식은 기능적이면서 동시에 스펙터클한 대중 기준에 따라 표준화된 환경에 부합되는 것이다.

조련

좋은 무대장치만으로는 충분하지 않다. 표본을 상황에 맞춘 주거지-무대장치 속에 전시한다고 해서 그 표본이 반드시 우리가 원하는 대로 행동하지는 않는다. 그에게 연출의 지시사항을 주어야만 하는데, 그 지시사항은 서커스의 훈련, 장터축제의 전시, 그리고 무엇보다 동물원의 조련에 해당될 수 있다. 왜냐하면 "조련은 조련되지 않은 (표본들을) 보는 단순한 호기심보다 월등히 더 높은 스펙터클의 매력을 통해 (보잘 것없는 표본의) 물질적 가치를 끌어올릴 수 있기 때문이다."[8] 리얼리티 스펙터클에서는 길거리에서 아무나 붙잡아 바로 카메라 앞이나 무대 위에 세우는 건 거의 드문 일이다. 보여주려고 하는 공연에 따라 엄정한 선택의 절차를 거치는 '포획과정'이 있다. 방송 준비과정은 표본을 방송 환경 속에 집어넣는다. 카메라들이 돌기 시작하면 표본은 이미 불안해하고 흥분하고 마음이 동요된다. 그에게는 그가 해야 할 일을 얘기해야 하는 것이 아니라 방송이 어떻게 흘러가야 하는지를 얘기해준다. 개인적인 각색을 예상하는 건 그가 할 일이다. 그런 다음 그는 구성된 상황에 의해 계속해서 조종된다. 상황이 그의 몸을, 표현을, 활동을, 관계를 통제한다. 그는 정확한 무언가를 말하거나 하기 위해 왔다. 그는 언제나 "……의 자격으로" 초대된다. 그리고 그의 마음에 들거나 그렇지 않은, 뜻이 맞거나 그렇지 못한 다른 무명인들에 둘러싸인다. 진행자가 그의 말과 행동을 관리한다. 관중은 그를 부추긴다. 이러한 통제는 구속처럼 느껴지지 않는다. 왜냐하면 그것이 개인들의 진짜 본성을 밝히는 메커니즘으로 여겨지기 때문이다. "팔꿈치로 사람들을 살짝 치면, 현실을 약간만 부각시키면 즉흥적 행동은 언제나 가능한 것 같다."[9]

자연스러움의 연출은 역설적이다. "진짜 사람들"의 진정성을 불러일으키는 것이 관건인 만큼 더더욱 그렇다. 전통적으로 한 배우의 탁월한 연기의 사실성은 변신에 토대를 두고 있다.[10] 배우는 자신이 연기하는 인물이 되어야 한다. 그는 그 인물의 감정들을 느껴야 하며, 단지 그것을 보여주는 것으로 만족해서는 안 된다. 그렇기 때문에 처음에 그 역

---

8 H. 헤디거, 『감금상태의 야생동물』, 파리, 파이요(과학 총서), 1953년, p.208.

9 리지 베커(영국의 〈빅 브라더〉의 프로듀서). 마이클 라이트, 「채널 4는 우리를 위해 사람들을 가두고 감시하고 있다」, 《더 선데이 타임스》, 2000년 3월 19일.

10 이는 "대부분의" 서양 연극과 영화에 한정해서 사실이다. 중국이나 일본 고전 연극의 경우는 그렇지 않다. 또한 그리스 고전 연극이나 코메디아 델라르테의 경우도 사실이 아니다.

할의 낯선 인물 속으로 들어가려면 배우에겐 오랜 작업이 필요하며, 공연 마지막에 가서 그 인물에서 빠져나오는 데는 한 순간이면 된다. 공연 시작과 마지막 사이에 배우는 그 인물이 된다. 그 이전에는 그 인물을 연습하고, 이후에는 그 인물을 연기한 다른 사람이 된다. 그렇다면 자기 자신을 연기하라고 요구받는 사람과의 관계는 어떠한가? 한 개인이 자기 자신으로 변신한다는 건 무슨 의미일 수 있는가? 사실, 얼핏 보면 그건 동일해 보인다. 우리는 배우에게, 그리고 무명인에게 역할에 들러붙을 것을, 시나리오를 따를 것을, 관중의 관심을 끌 것을 요구한다. 리얼리티 스펙터클의 배우–관객에게는 역할이 곧 그 자신이요, 시나리오는 방송의 예견된 흐름이요, 관중이란 참석할지 모르는 몇몇 사람들과 그리고 특히 TV 시청자라는 눈에 보이지 않는 대중이다. 배우가 창작 역할을 한다면 무명인은 상황 역할을 맡는다. 무명인은 자기 자신이 되라는 요구를 받는다. 시나리오처럼 만들어진 환경에 놓인 채 실시간으로 대중 앞에서 자기 나름대로 대처해야 한다.

그런데 직업배우와 다른 근본적인 차이점이 하나 있다. 무명인은 자기 자신을 연기하는 만큼 자기 능력에서 벗어나는 것이 매우 힘들다. 그러나 그 능력도 어느 정도는 스펙터클의 제약에 의해 결정된 것이다. 이와 마찬가지로 동물원에서 무대 위에 올려진 동물은 매순간이 공연인 반면, 서커스의 동물은 자기 묘기를 하는 동안만 공연을 한다. 자전거 타는 곰은 스펙터클 동안이나 훈련 동안만 트랙을 돌며 나머지 시간엔 공연 밖에 있으며 자전거를 타지 않는다. 반면, 뱅센의 사자들은 항상 무대 위에 있다. 아무도 없을 때조차도. 왜냐하면 그들의 행동은 여전히 같은 방식으로 정해져 있기 때문이다. 리얼리티 스펙터클의 배우들에게는 공연 밖이란 없다. "24시간 내내 자기 자신이 되어야만 하는 새로운 유형의 배우들이 된" 〈빅 브라더〉의 경쟁자들이 그렇다. "그리고 그 제약은 그들이 자연스러움을 연기하는 방식에 엄청난 두께를 입힌다."[11] 이는 토크쇼의 참여자나 노출된 네티즌에게도 마찬가지다. 그들이 보여주는 공연은 그들의 일상생활의 방식을 만드는 데 기여한다. 리얼리티 스펙터클의 배우들에게는 방송이 끝나면 아무 일도 없었던 것처럼 행동하는 것이 불가능하다. 무명인이 정말로 화면에 노출될 때 그는 스펙터클 공연을 자기 삶에 통합한다. 그의 에토스는 그가 알지 못하는 연출 규칙에 따라 변한다. 일상적 삶보다 공개적 노출 순간에 훨씬 더 열정을 쏟아 부었으며 더 높은 가치를 부여한 만큼 공연의 윤리적 효과는 그만큼 강하다. 리얼리티 스펙터클은 현실을 공연 쪽으로 끌어가면서 연출을 통해 현실을 감염시키고 스펙터클의 현실을 창출해 낸다. 무명인이 공개적으로 10분이나 6개월 동안 무대 위에서 연기를 하면 그는 스펙터클에 의해 길들여진 현실의 일상적 배우가 되는 경향을 보인다.

　무명인은 직업배우보다 무언가를 더 가지고 있으며, 그와 동시에 무언가를 덜 가지고 있다. 하지만 두 경우 모두 리얼리티 스펙터클에 유리하다. 무명인이 배우보다 훨씬 유리한 것은 자신의 역할을 알기 때문이다. 알코올중독자나 경찰관이나 장애인을 무대 위에 올리고 싶다면 진짜 그런 사람들을 세우는 것이 훨씬 빠르고 훨씬 쉽고 훨씬 경제적이다. 하지만 무엇보다도 무명인은 자신의 연기에 있어서 정당한 권리를

---

11 마르셀 파도바니, 「빅 브라더가 여전히 우리를 보고 있다」, 《르 누벨 옵세르바퇴르》, 2000년 11월 16일.

옛 서커스의 동물 여조련사와 표범

"(…) 동물원에서 무대 위에 올려진 동물은 매순간이 공연인 반면,
서커스의 동물은 자기 묘기를 하는 동안만 공연을 한다."

가지고 있다. 그가 자기 자신의 이름을 내걸고 말하면서 훨씬 광범위한 집단을 대변할지라도 그에게 왜곡했다거나 거짓말을 했다고 비난할 수는 없다. 한편, 무명인들은 전문가들이나 대중적 인물들과는 반대로 "누구를 대신해서" 말하지 않기 때문에 진지하면서 마음을 뒤흔드는 말을 한다. 하지만 동시에 그들은 "자신들의 사회적 경험을 표현하는 매체로서 개입하는 압축된 얼굴들"[12]인 원형들이기도 하다. 전시된 무명인은 좋은 표본이다. 훌륭한 능력을 갖춘 스펙터클의 정당성과, 표현력 넘치는 진정한 말을 갖춘 사회적 정당성까지 이중으로 소유하고 있기 때문이다.

대부분의 시간에 무명인은 자신이 연출에 의해 조련된다는 사실을 의식하지 못한다. 한편, 그는 스펙터클 지침의 영향을 추정하지 못한다. "카메라 돌아가는 소리가 귀에 익은 일종의 배경음처럼 (될 수 있다). 그런 상황에서도 사람들은 완전히 미친 짓은 하지 않는다. 카메라는 어떤 무의식의 차원에서 작동해 정말로 미친 행동을 하는 걸 막는다. 온 세상 사람들 앞에서 묘기를 보이고 싶어 하는 노출증 환자들이 아니라면 말이다."[13] 무명인은 순진하게도 스펙터클의 구속에 자기 행동을 맞춘다. 연극적 각색 작업의 대부분—무대 뒤에서 일어나는 공연 지시와 연출의 기술적 장치와 관련된 모든 것—이 그를 벗어난다. 만약 무명인이 무의식적으로 적응하지 않는다면 그는 자연스럽고 진짜 같을 수가 없을 것이다. 대개, 그는 시나리오화된 상황의 잎맥들을 수동적으

---

12 기 로샤르, 「TV 르포 속의 시청자의 말」. 장-피에르 에스케나지(책임편집), 『TV와 TV 시청자』, 파리, 라르마탕(시야), 1995년. p.151.

13 피터 콜렛 박사(심리학자, 영국 〈빅 브라더〉 방송의 조언자). 폴 맥켄, 「최소한의 안락, 거부와 사생활 침해? 난 그걸 택하겠어」, 《더 타임스》, 2000년 6월 30일.

로 따른다. 스펙터클의 제약들을 알더라도 그는 그것들을 피해갈 수가 없다. 그것은 무대 위에 서기 위해 지불해야 할 대가이기 때문이다.

다른 한편, 무명인은 통찰력을 가지고 자기 연기를 제어하지 못한다. 그렇지만 사람들이 그에게서 기대하는 역할을 제대로 해내자면 그래야 할 것이며, 방송의 지시사항을 존중해야 하고 스펙터클이 되어야 한다. 그렇지 않으면 그는 공연에서 제외될 수도, 행동 지시를 받을 수도, 말이 잘리거나 삭제될 수도 있다. 따라서 그는 주의를 기울이면서 동시에 무의식적으로 자기 연기를 감시해야 한다. 그는 둘로 나눠져야 한다. 자기 자신이 되는 자기 방식을 방송의 우연적 요소에 맞춰 방향을 재설정함으로써 자연스러워야 한다. 동일한 개인이 조종당하면서도 자기 연기를 제어하는 것이다. 인물과 배우 사이에 혼동이 있다. 왜냐하면 방송은 그 두 사람이 하나이길 요구하기 때문이다. 직업배우는 다른 누군가를 연기하며 모든 것을 고려한다. 한편에는 하나의 인물이 있고, 다른 한편에 그를 연기하면서 스스로를 관찰하는 그가 있다. 이 직업이 갖는 어려움이 바로 여기에 있다. 어떻게 거리를 유지하면서 역할 속에 빠져들 것인가? 이와 마찬가지로 일상적인 사회적 코미디도 의식적이면서 통제될 수 있다. 그렇게 되면 그것은 동물원의 조련보다는 배우의 연기와 훨씬 더 비슷하다. 무명의 배우에게는 상황이 전혀 다르다. 스펙터클의 장치는 그가 역할이 되길 요구한다. 그의 연기의 질은 바로 그가 자기 자신과의 사이에 설정하는 거리의 부재에 달려 있다. 그는 자기 연기를 제어하면서 무대 위에서 자기 자신의 흉내를 내는 직업을 가진 것이 아니다. 만약 그가 그렇게 한다면 그는 더 이상 "진짜 사람들"에 속하지 못한다. 무명인의 이러한 결점은 스펙터클의 이점이 된다. 연출에 적응하면서 자기 자신이 되어야 한다는 이중의 제약은 그로 하여금 미처 깨닫지도 못한 채 평소와는 다른 방식으로 자기 자신을 연기하게 만든다. 그것이 훨씬 자연스럽고 진짜 같은 방식일지라도 말이다. 달리 말하자면, 리얼리티 스펙터클이 만들어내는 자기구현은 일상적인 사회적 코미디보다 훨씬 예속된 동시에 훨씬 설득력 있다. 훨씬 예속된 까닭은 장치가 일상적 스펙터클보다 훨씬 구속적이고 정확하며 매혹적이기 때문이다. 또한 훨씬 설득력이 있는 것은 무명인의 연기가 습관보다 훨씬 자연스럽고 강렬하면서 단순하고 이해가 쉽기 때문이다.[14] 무명 배우들의 진정성에 설복된 관객은 실제로는 조련된 에토스들을 보는 것이다. 그 에토스들은 맹목적인 믿음을 가지고 연기되기 때문에 실제보다 훨씬 진짜 같아 보인다. 각자가 자신의 사회적 역할에 행사할 수 있는 통제는 조련으로 대체되는데, 그 조련은 조련된 인성의 진실을 밝힌다고 주장하는 만큼 한결 무의식적이고 눈에 보이지 않는다. 인간 코미디에 바깥이 없다고 하더라도, 우리가 매순간 무대 위에 있다고 하더라도 그것이 연극 무대인지 동물원의 무대인지가 상관없는 것은 아니다. 눈에 보이는 장치 외에도 리얼리티 스펙터클의 거짓은 언제나 거짓된 진정성을 목표로 조련된 의식들의 동여매인 주름 속에 감춰져 있다. 관객은 주름의 틈새를 보지 못하며, 자신이 보고 있는 개인들과 자신을 비교하고 동일시한다. 열등하다는 점 때문에 끌리는 "야만인" 표본들과 비교할 때보다 훨씬 더 그렇다.

---

14 따라서 리얼리티 스펙터클의 문제는 전시된 주체의 진정성이 덜 진짜여서가 아니라 평소보다 훨씬 진짜 같아 보인다는 데 있다.

자기연출

리얼리티 스펙터클의 주인공들은 무대장치 속에 파묻히고 그들을 구속하는 연출에 의해 조련된다. 그럼에도 그들은 매우 자발적이다. 그들은 자진해서 왔으며, 겉으로 드러나는 요구라고는 자기 자신이 되라는 것[15]뿐인 공연에서 몇 가지 이득을 기대한다. 기대하는 이득이 돈, 고백으로 얻게 되는 안도감, 혹은 유명세가 될 수도 있지만 모든 리얼리티 스펙터클의 공통점은 자기 자신의 가치 높은 이미지를 만들어내려는 욕망이다. 이 같은 자기 자신의 가치인상은 한 역할의 연출을 통해 이루어진다. 그 역할은 자기 자신을 전시하는 사람이 스스로에게 부여하고 싶어 하는 지위를 공개적으로 확인해준다. "역할이란 해당 지위와 연관된 문화적 모델들의 집합을 가리킨다. 따라서 그것은 사회가 한 개인에게, 그리고 그 지위를 차지하고 있는 모든 사람들에게 할당하는 태도들, 가치들, 행동들을 모두 포함한다. (…) 명백한 어떤 행동을 표현하는 역할은 그 지위의 역동적 측면이다. 그것은 자신이 그 지위에 있음을 유효화하기 위해 개인이 해야만 하는 것이다."[16] 그런데 무명인은 명백한 하나의 또는 여러 개의 지위를 대표하기 위해 초대되었다. 그것이 사회적 지위건(부자, 가난한 자⋯⋯), 직업적 지위건(상인, 노동자⋯⋯), 문화적 지위건(과학자, 문인⋯⋯), 육체적 지위건(스포츠맨, 장애인⋯⋯), 스타일과 관계된 지위건(유행에 뒤진, 유행을 따르는⋯⋯)

---

15 다른 모든 요구—훈련, 기록적인 묘기, 놀랍거나 특이한 행동들—는 서커스나 장터축제와 관계된 것이다.
16 랠프 린턴, 『인성의 문화적 배경』, 파리, 뒤노드, 1959년, pp.70-71.

혹은 인성과 관계된 지위건(질투심 많은, 비겁한, 이타적인……) 말이다. 어느 무명인이 하나의 지위 속에 자신을 드러내라는 초대를 받아들인다면 그것은 그가 그 지위 속에 포함되기를 바라기 때문이다. 따라서 그는 해당 역할 안에서 본보기가 되기 위해 할 수 있는 모든 것을 할 것이다. 억지로 과장까지 할 것이다. 그와 동시에, 하나의 지위와 관련된 높은 가치평가를 얻기 위해서는 신뢰성이 있어야 하며 가볍고 자연스럽게 역할을 연기해야만 한다. 사회적으로 정의된 하나의 역할에 자신이 자연스럽고도 전적으로 부합된다는 걸 믿는 데, 그리고 믿게 하는 데 성공해야 한다. 모든 뉘앙스는 유형학을 혼란스럽게 만들 것이고, 모든 의혹은 형태의 진정성을 약화시킬 것이다. 무대장치와 조련과 자기연출을 통해 무명인에게 요구되고 지시되는 것, 다시 말해 하나의 지위를 자기 자신처럼 표현하라는 것과 그가 바라는 이미지와 닮기 위해 자기 자신에게 부과하는 의식적, 무의식적 제약들 사이에서 공명이 일어난다. 여기서 우리는 앵무새와 앵무새 주인의 관계를 다시 발견하게 된다. 무명인은 보상(비스킷)과 교환으로 스펙터클 장치가 요구하는 것, 다시 말해 그와 부분적으로 일치하는 정체성을 모방한다. 무명인은 훨씬 더 자기 자신이 된다는 꿈을 꾸며 자기 자신의 한쪽 편각을 흉내 낸다. 이 교배는 현실적이지도 않고 가상적이지도 않은, 설득력 있을 만큼 충분히 사실적이며, 매혹적일 만큼 충분히 가상적인 존재를 만들어낸다.

스펙터클의 자기 가치부여가 갖는 첫 번째 위험은 스펙터클(일상적인 공연이 아니라)의 관객에 따라 자기 자신이 된다는 것이다. 전시되는 사람이 자기 역할을 연기하고 스스로에게 가치를 부여하기 위해 따라야 할 기준을 어디에서 찾을 수 있겠는가? 일차적으로 그는 그것들을 TV의 직업배우들에게서 찾을 것이다. 대화에서 "한쪽은 대화상대를 엄중한 준거로 삼아서 말하는 모든 내용에 상대의 독특한 뉘앙스와 음색과 몸짓을 받아들인다. (…) 대화 속에서 생각의 굴절은 일방적이다. 그것을 만들어내는 건 대화상대다. 대화상대는 우리가 가능한 한 아름답게 우리의 생각을 반영하고 싶어 하는 거울이다."[17] 말을 직업으로 삼는 프로와 대화를 나누는 무명인의 경우 가치부여의 모든 요소가 사회자나 기자의 편에 있다. 무명인은 자신의 실시간 공연을 상대방의 찬성이나 혹은 반대의 신호에 맞춘다. 일정한 지위를 얻으려는 목적을 가진 자기 자신이 바로 무대연출가일지라도 그렇다. 그 무대의 제작자는 상징적 점수를 매김으로써 지원할 공연을 결정하는 TV 방송인이다.[18] 이차적으로 무명인은 다른 무명인들에게 자기 자신을 맞춰야만 한다. 우리가 반대하고 싶은 사람들이 있고, 찬동하고 싶은 사람들도 있다. 자신의 가치부여 전략을 강화하기 위해 무명인은 누구와 연맹을 맺어야 좋으며, 누구와 맞서야 좋은지 대번에 찾는다. 이럴 때 그저 자신의 믿음만을 따르는 것이 아니라 스펙터클의 상황을 따르기도 한다. 화면에 잘 나오고 호인처럼 보이는 사람들과는 가깝게 지내고, 기피인물들과는 맞서는 편이 낫다. 초대객의 말의 신랄한 정도나 그의 논지, 심지어 그의 의견마저 방송무대 구성과 직접적으로 연관되어 있다. 세 번째로, 리얼리티 스펙터클에서 무명인의 능력은 언제나 관중에 의해 판단된

---

17 프리드리히 니체, 『인간적인, 너무도 인간적인』 제1권, 파리, 갈리마르(폴리오 에세이), 1988년, p.241.
18 일상적 코미디와 비교해 볼 때 스펙터클의 상황은 그 코미디를 진정성의 폭로로 여겨지게 함으로써 인정받기를 원하는 개인의 상징적 의존도를 증대시킨다. 그것이 리얼리티 스펙터클의 속임수인 것이다.

다. 관중은 전화 투표로 주기적으로 지루하거나 이해할 수 없거나 눈에 거슬리는 후보자들을 제거할 수 있다. 방청석에 참석한 관중은 참여자에게 박수갈채를 보내거나 야유를 보낼 수 있다. 제재는 TV 시청자들의 전화나 우편물에서도, 또는 그보다 더 단순하게는 시청률로부터도 올 수 있다. 인터넷에는 방문자들이 남기는 댓글과 사이트 방문횟수가 있다. 그렇기 때문에 스스로를 방송에 노출한다는 것은 언제나 추정되는 관중의 기대에 따라 자기 행동을 연출하는 과정을 거치게 되는 것이다. 무명인은 자신의 능력과 신빙성에 어울릴 법한 행동들을 함으로써 관객에게 이롭게 작용하려고 애쓴다. 그는 자신의 일상적 인성에서 선택된 요소들을 자기 자신의 가장 진정한 부분이라고 생각하고 주장하면서 스펙터클의 제약에 맞춘다.

스펙터클의 자기 가치부여가 갖는 두 번째 위험은 과장한다는 점이다. 리얼리티 TV 프로그램들은 각 개인이 자기주장을 펴고, 자신의 행위들을, 성격을, 자신만의 생활방식을 주장하도록 요구하는, 강력하지만 분산된 사회적 요구를 대신한다. 사람들은 더 이상 무언가를 하는 것으로 만족하지 못하며, 공개적으로 그 행동을 옹호하거나 후회해야만 한다. 이와 같은 정체성의 사회적 극화는 화면에서 더욱 강화된다. 왜냐하면 문제는 더 이상 빵집 주인이나 이웃들 앞이 아니라 수천 아니 수백만의 사람들 앞에서 "자기 자신이 되는" 것이기 때문이다. 실수할 권리가 없는 것이다. 이렇듯 토크쇼에서 "인터뷰받는 사람은 사람들이 자신의 행동 하나하나를 매우 의미심장하게 여긴다고 생각할 위험이 있다. 따라서 그는 자신의 표현에 (…), 자신의 외양에, 그리고 품행에 무척 신경을 쓰고 고심한다. 그저 좋은 인상을 주기 위해서만이 아니라 나쁜 인상을 피하고 예방하기 위해서도 고심하는 것이다."[19] 자신의 좋은 이미지가 반드시 주된 지위는 아니라는 사실을 유념해야 한다. 무명인은 TV를 이용해서 보이고 싶은 모습대로 자신을 드러낸다. 표준과 대중의 합의를 대표하는 인물로 혹은 도발적인 인물로, 심지어 기인으로 말이다. 이는 왜 혹자들이 우스꽝스러운 꼴이 될 것이라는 사실을 분명히 알면서도 방송에 참여하는지를 설명해준다. 그들은 소수가 되는 한 방식을 옹호하기 위해 참여한다. 그들은 그 방식에다 사회적으로 인정받을 가능성을 투자한 것이다. 이런 관점에서 볼 때 야유와 비난과 조롱은 보상과 갈망하는 지위에 대한 재보장의 가치를 지닐 수 있다. 모든 경우 무명인이 보여준다고 주장하는 진정성은 단순히 "자기 자신이 되는 것"이 아니라 갈망하는 지위에 자신이 상응함을 스트레스를 받아가며 확인하는 것이다. 미디어라는 원형경기장에서 우리는 타인들과 마주한 채, 전체 인성을 규정한다고 여겨지는 대개 저속한 특징들을 통해 그들과 맞서며 자신을 확인한다. 이렇게 마주한 결과는 비교적 개별적인 지위를 대표하러 나온 개인이 자기 인성 가운데 어쩌면 하찮을지도 모르는 한 부분을 옹호하는 데 전적으로 자신을 투자하게 만드는 것이다. 주인공은 자신의 일부를 합리화하기 위해 안간힘을 쓴다. 그는 자신을 절단하여 잘라낸 한 조각을 마치 그것이 자신의 전체 몸인 양 제시한다. 자신의 전체를 보여주어서는 안 된다는 걸 알기 때문이다. 게다가 그는 자신의 모순점들을 뛰어넘고 가능한 한 크게 인정받기 위해 그 특징을 과장한다. 그는 가장 나은 인성이나 가장 나은 선택이 가

---

19 어빙 고프만, 『일상생활의 연출』 제1권, 『자기 소개』, 파리, 에디시옹 드 미뉘(상식), 1973년, p.213.

장 맹렬하게 옹호되는 것이라고 믿고 또한 믿게 만든다. 이 잘못된 믿음이 솔직성과 집요한 확신의 구실을 한다. 자신의 가치부여는 스펙터클의 기준들에 따라 점점 더 타인들보다 우월하게 해줄 능력을 통해 이루어진다. 그것은 진정성에 대한 신념을 가지고 역할 속에 과장을 가장 잘 배합할 사람의 몫이다. 따라서 리얼리티 스펙터클이나 스펙터클의 리얼리티에서 자기연출은 행동생태학적 키치의 지배를 의미한다. 우리는 개인들이 조잡하고 진부한 몇 가지 성격으로 환원되는 걸 본다. 그 성격들을 가치를 높여주는 인정과 맞바꿈으로써 최대한의 관객이 소비할 준비가 되어 있다. 리얼리티 스펙터클의 이 키치는 감옥이자 연구실이자 극장이기도 한 동물원의 키치다. 감옥이라니? 야만인이 되기에는 너무 고분고분하고 예측 가능한 신체들이기 때문이다. 연구실이라니? 즉흥적이라고 하기에는 지나치게 정상적이고 이해 가능한 행동들이기 때문이다. 극장이라니? 자연스럽기에는 너무도 유쾌하고 너무도 상투적인 것들을 닮은 역할들이기 때문이다.

"저 카페의 보이를 살펴보자. 그는 민첩하면서 강한, 약간 지나치게 정확하고, 약간은 지나치게 빠른 듯한 몸짓을 하고 있는데, 그는 살짝 과장되게 경쾌한 걸음으로 소비자들을 향해 간다. 그가 약간 지나친 열의를 갖고 인사를 하고, 그의 목소리와 눈은 손님의 주문에 약간 지나친 관심과 배려를 표현한다. (…) 그의 모든 행동이 우리에겐 연기를 하고 있는 것처럼 보인다. (…) 그런데 대체 그가 무엇을 연기한단 말인가? (…) 그는 카페 보이 역할을 연기하고 있다. 그는 자신의 조건을 실현하기 위해 그 연기를 하고 있다. 이 의무는 모든 상인들에게 (그리고 공연중인 모든 존재들에게) 부과되는 의무와 다르지 않다. 그들의 조건은 전적으로 의례적이며, 관중은 그들이 의식을 행하듯 그 조건을 실현하기를 요구한다. 야채가게 상인, 양복쟁이, 경매인의 춤이 있으며, 그걸 통해 그들은 자신들이 한 사람의 야채가게 상인이요, 경매인이요, 양복쟁이일 따름이라는 사실을 고객들에게 설득하려고 애쓴다. (…) 이것이 사람을 그 인물 속에 가두기 위한 수많은 방책들이다. 마치 우리는 그가 거기서 빠져나갈까 봐, 자신의 조건을 갑자기 모면할까 봐, 벗어날까 봐 항구적인 두려움 속에 살고 있기라도 한 것 같다."[20]

---

[20] 장-폴 사르트르, 『존재와 무 : 현상학적 존재론의 시도』, 파리, 갈리마르(텔 총서), 1999년, p.94.

관객 길들이기

모방

관객은 언제나 스펙터클 공연에 연루되어 있다. 그곳에 자리해야 하기 때문에, 주의를 기울여야 하기 때문에, 관객으로서 행동해야 하기 때문에 연루되어 있는 것이다. TV방송을 보기 위해서나 인터넷 사이트를 찾아보기 위해서는 정확한 시간에 일정 시간 동안 화면 가까이에 있어야만 한다. 그 동안에 몸은 한 영역 속에 놓여 있으며, 몇몇 한정된 자세를 취하고 있다. 신체의 위치와 자세는 화면과 연결되어 있다. 계속해서 채널을 바꾸면서 한쪽 눈으로 보거나 한쪽 귀로 들을지라도 그렇다. 우리가 TV 프로그램을 따를 때 몸의 모든 활동이 변한다. 생겨나는 활동들이 있는가 하면 어떤 활동들은 뒤로 물러나거나 없어지기도 한다. 우리는 자거나 산책을 할 수는 없다. 이동하거나 말을 하는 것도 훨씬 어려워진다. 밥을 먹거나 뜨개질을 하거나 빈둥거릴 때도 화면과 연결되어 있다. 게다가 시청자로 활동하려면 주의가 요구된다. 우리는 다른 곳을 바라보는 걸 피하고, 다른 소리는 잘 듣지 못하며, 말을 거의 하지 않고, 우리가 보고 있는 것을 생각한다. TV를 틀으면서 일을 하거나 책을 읽는 건 무모한 일이다. TV가 켜져 있을 때 나누는 대화는 산만하다. 일반적으로 TV 스펙터클을 보는 것은 시청자의 생활방식 속에 독점적으로 자리 잡는 활동이다. 화면은 주변 공간에 영향을 미치고, 흘러가는 시간의 길이를 변화시키는 능동적인 지점이다. 우리는 TV 맞은편에 있는 것이 아니다. TV는 우리 환경의 내부에 있으면서 우리 삶의 일부를 이룬다. 관객 또는 시청자의 모든 활동은 전적이면서 동시에 다양한 육체적, 정신적 개입을 창출해낸다. 개인의 어떤 부분도 서서 벗어나지 못하기 때문에 전적이며, 그 전적인 독점이 산만할 수 있기 때문에 다양하다는 것이다. 투자가 상당한 만큼 개입도 그만큼 크다. TV를 보느라 보낸 시간과 쏟은 에너지는 보여지는 것과의 관계를 극화劇化한다. 스펙터클의 내용에 부여된 중요성은 부분적으로는 그것을 바라본다는 단순한 사실에 부여된 중요성에서 비롯된다. 한 방송 프로그램에 익숙해진 사람들은 '그들의' TV 영화나 '그들의' 9시 뉴스에 대해 말한다. 단순히 넘쳐나는 이미지와 소리로 화면의 스펙터클은 살아있는 개체로 변하며, 그것과 더불어 개인적인 관계들이 생겨난다. 연루된 관객에게 TV는 생활방식의 일부가 될 뿐 아니라 그 자신의 일부가 되기까지 한다. TV는 그에게 말을 걸고 그에 대해 말한다. "너도 그러고싶어? 아니야?" "너도 동의해? 아니야?" 화면 덕에 평범한 보통의 관객은 스펙터클의 침범할 수 없는 영역에 의해 유일하고 특혜받은 관객으로 변한다. "TV가 우리 집에 너무도 크게 자리 잡고 있고, 하나의 가구처럼 우리 생활방식과 습관 속에 너무도 단단히 박혀 있어 매순간 우리에게 '이게 바로 너야! 널 못 알아보겠어?' 라고 말하는 것만 같다."[1]

리얼리티 스펙터클의 특별한 점은 관객의 고전적 개입을 배우로서의 개입과 겹치게 만든다는 점이다. 그러면 "보면서 보이기"가 이루어지고 그 속에서 자기 생활방식에 도달한 관객은 동류로서 자리한 개인들의 생활방식들과 연결된다. 스펙터클의 개입은 무대에 올려진 "진짜 사람들"과의 심리적 및 사회적 동일시와 겹쳐진다. 관객은 화면을 향해 자기를 투영하고, 동일시라는 간접수단을 통해 스펙터클의 세계 속으로 빠져든다. 그리고 집을 떠나지 않은 채 배우로 변해서 나오며, 스펙터클 상황 속에서 그가 반드시 취하지 않을 수 없는 위치에 따라 익명의 사회적 시각에 의해 판단된다. TV의 "보면서 보이기"는 스스로를 심판하는 판관이기도 한, 실제 공연의 관객이자 배우를 만들어내는 왕복운동이다. 그것은 일상적이면서도 거리를 둔, 그리고 스펙터클의 규칙에 따르는 사회적 판단과 유사한 것을 창출해낸다. 하나의 동일한 관중을 구성하는 개인들의 '원격 암시작용'이 가능하려면 그들이 사회생활과 도시생활의 습관을 통해 오랫동안 '근접 암시'를 실천해 왔어야만 한다. 우리는 어린 시절과 청소년기부터 타인 시선의 작용을 생생하게 느끼기 시작한다. 그것은 우리가 알지 못하는 가운데 우리의 태도와 몸짓과 생각의 변화된 흐름 속에, 말의 동요나 흥분 속에, 판단 속에, 행동 속에 표현된다. 수년 동안 시선의 이 놀라운 작용을 겪기도 하고 겪게도 하고 나서야 우리는 타인의 시선에 대한 생각에, 우리가 우리로부터

---

1 제라르 르블랑, 『현실의 시나리오』 제1권, 『일상, 탈주, 학식』, 파리, 라르마탕(시야), 1997년, p.68.

멀리 떨어진 사람들의 관심의 대상이 된다는 생각에 놀랄 수 있게 된다."[2] 리얼리티 TV는 타인의 시선을 상상하는 능력을 동원한다. 무명의 관객은 무명의 배우가 자기 역할을 연기하는 걸 본다. 그와 동시에 그는 자신이 마치 무대 위에 있는 것처럼 자신이 자신의 역할을 연기하고 있다고 느낀다. 다른 한편, 그는 자신이 무명의 배우와 동일한 상황에 처해 있다고 본다. 그런가 하면 배우는 자신이 속한 관중이 자신을 보고 있다고 상상한다. 리얼리티 TV는 거리를 둔 "보면서 보이기"를 창출해내는데, 그것은 미디어 무대 위에서 일상적인 사회적 관계들을 표현하고 스펙터클의 현실을 각자의 집으로 실어 나른다.

스펙터클이 지속적이고 상호작용하는 것일 때 개입과 동일시가 극대화된다. 〈빅 브라더〉와 인터넷의 일부 전시들이 제시하는 것이 바로 그러하다. 항시적인 방송은 시청자의 생활방식과 접속되어 거의 평행을 이룬다. 이탈리아에서는 "정신과 의사들이 은퇴한 노인들과 가정주부들에게서 방송되는 집 거주자들의 생활에 자신들의 생활을 맞추는 의존상태를 특기할 정도로 이상 징후가 심각하다. 그들은 〈데 그란데 프라텔로〉*의 인물들 가운데 한 사람과 자신을 동일시하고 동일한 역경을 겪으며 괴로워한다."[3] 프랑스에서 〈로프트 스토리〉가 거둔 성공은 설치된 방송 채널의 다양성과 위력에서 크게 기인한다. TV와 케이블, 전화와 인터넷. 세계적 망으로는 수백 개의 사이트와 토론장과 전자메일이 있다. "32세의 연구원인 로랑이 설명한다. 저는 그런 것과 상관없는 줄

---

2 가브리엘 타르드, 『여론과 군중』, 파리, PUF(정치적 탐구), 1989년, p.34.
* 옮긴이 | de Grande Fratello, 이탈리아 채널 5번에서 방영된 '빅 브라더' 방송으로 한 집에 서로 모르는 참가자들을 모아놓고 마지막까지 남는 승자에게 12억원 가량의 상금을 주는 게임이다.
3 마르셀 파도바니, 앞의 책.

만 알았죠. 그런데 5분마다 이메일로 새로운 사이트 주소들이 쏟아져 들어오는 거예요. 더 이상 일을 할 수가 없어요."[4] TV 시청자들은 밤에는 케이블 TV를 보고 아침에는 주요 정보를 퍼뜨린다. 방송 프로그램을 따라가려면 그 어떤 스펙터클이 요구하는 것보다도 훨씬 더 자기 시간을 포기해야만 한다. 방송을 보고 정보를 찾는 데 자신의 시간을 내주어야 하며, 중요한 순간에 그 자리에 있기 위해서 시간을 조정해야 하고, 생활에 꼭 필요한 다른 일들을 할 수 있으려면 시간을 효과적으로 활용해야만 한다. 〈빅 브라더〉와 같은 유형의 방송에서는 상호작용이 관객에 대한 영향력을 향상시킨다. 실시간으로 후보자들의 인기도에 영향을 미칠 수 있다. 매주 이루어지는 전화 투표는 후보를 떨어뜨리거나 선호하는 후보를 남겨둘 수 있게 해준다. 더욱이, 방송은 팬들에게 휴대폰으로 스펙터클에 항시 접속할 수 있다고 제안하기도 한다. 방송 제작자가 중요하다고 판단하는 사건이 일어날 때마다 실시간으로 안내 메시지를 보내 알려준다. 베개싸움, 외설스런 대화, 안무 준비 같은 사건들 말이다. 그렇게 해서 "어디에 있건 당신은 당신의 〈로프트 스토리〉로부터 결코 멀어지지 않을 것입니다."[5]

리얼리티 스펙터클과 더불어 TV는 각 개인의 삶 한가운데 자리 잡고, 그와 동시에 삶은 TV에 흡수된다. 리얼리티 스펙터클은 다른 형태의 그 어떤 스펙터클도 하지 못했을 정도로 관객의 생활방식과 성격과 행동을 잠식해 들어간다. 앞으로 TV가 인터넷과 완전히 융화를 끝내게 되면 리얼리티 스펙터클은 급증할 것이고, 관객들은 그 속에 항구적으

---

4 플로랑 라트리브, 「인터넷의 쓰레기 사냥」, 《리베라시옹》, 2001년 5월 3일.

5 2001년 4월. loftstory.fr 사이트에 관한 SMS 안내 문구.

로 빠져 있게 될 것이며, 실제로 배우이자 관객이 될 것이다. 리얼리티 스펙터클은 평범한 생활방식들과 스펙터클한 생활방식들 사이에 직접적이고 상호적인 접속을 실시한다. 관객의 주의 깊은 정신과 그곳에 자리한 몸은 무명 배우의 연기된 정신과 조련된 몸을 모방하는 유통의 잠재적 통로가 된다.

리얼리티 스펙터클 고유의 개입과 동일시는 무명의 표본들과의 사회적 비교라는 독특한 현상을 창출해낸다. 가상의 인물과 자신을 비교할 때 우리는 자신의 성격이라는 현실을 떠나 스펙터클 주인공의 비현실적인 자질들에 자신을 투사한다. 자기 판단이 허구를 매개로 이루어지는 것이다. 다시 말해 개인적인 현실과 가상의 가능성 사이의 차이점에 의해 상대적으로 평가된다. 공적 인물의 경우라면 비교는 전도된다. 우리의 실제 모습을 직면하고 우리가 될 수 있을지도 모르는 것을 대표하는 잘 알려진 인물의 우월한 현실에서 떠나게 되기 때문이다. 개인적 평가는 유명세를 매개로 이루어진다. 인물의 실제 우월성과 개인적 가능성 사이의 차이점에 의해 상대적으로 평가되는 것이다. 현실 스펙터클에서 사람들은 자신의 실제 모습과 가상의 모습을 비교하지 않으며, 다른 우월한 사람의 삶을 보면서 우리가 될 수 있을 모습을 비교하는 것도 아니다. 즉각적으로 우리와 비슷한 타인의 모습과 우리의 모습을 비교하게 된다. 더 이상 매개란 없으며, 비교는 스펙터클하지 않은 모든 비교가 그렇듯이 직접적이고 자동적으로 이루어진다. TV 시청자는 일상 속의 개인들을 판단하듯이 무명의 배우가 하는 행동을 판단한다.

그런데 리얼리티 스펙터클에서 사람들은 자신을 일상적 개인들과 비교하는 것이 아니라 동물원이 만들어낸 표본들과 비교한다. 비교 결과는 스펙터클의 전시에, 다시 말해 무대장치와 조련과 자기연출에 직접적으로 달려 있다. 관객은 길들여지고 틀에 박힌 에토스들을 마주 대하고 자신의 위치를 설정하도록 내몰린다. 자기 자신이 되어서 자기주장을 펼치라는 지시가 화면에 지나가면서 리얼리티 스펙터클의 진짜 행동들과 성격들, 생활방식들을 구별하거나 모방하는 계략들을 부추긴다. 가장 단순한 상황은 관객이 한 표본과 대립하거나 동조하는 상황이다. 거부감을 불러일으키는 행동이라면 관객은 그 행동을 전시된 주체가 보여주는 성향과, 결국 방송이 제시하는 하나의 총칭과 연결 짓도록 유도된다. 거북함이나 어느 정도 분산된 분노의 감정에서 시작해서 관객은 동물원과 같은 장치에 힘입어 정확하게 자기 자신을 규정하고 다음과 같이 말할 수 있게 된다. "나는 저런 유형은 아니야." 예를 들어, 한 시청자가, 웬 남자가 "모호한" 관능적인 행동을 보이는 방송을 보고 있다. 그것이 그를 거북하게 만들지만 그는 왜 그런지 정확히 알지 못한다. 그는 그 문제를 곰곰이 생각해볼 수도 있을 테지만 방송이 그에게 훨씬 빠른 해결책을 제시한다. 무명의 남자는 남자를 사랑하는 사람으로 제시된 것이며, "동성애자들"을 대표하기 위해 초대된 것이다. 모든 게 분명해진다. 유혹적인 겉모습이 이 시청자에게 거슬렸던 것은 그가 남자들에게 끌리지 않기 때문이다. 그가 그 표본을 닮지 않았기 때문에 동성애자일 수 없다는 것은 이제 분명해졌다. 그가 다른 길을 통해 복잡한 자기 욕망에 다가가보지 않았을지라도 말이다. 반면, 왜 그런지 모른 채 선험적으로 관객을 불쾌하게 만드는 것이 무명인의 종칭적 타입일 수도 있다. 어쨌거나 상관없다! 그 유형을 무명인이 연기한

미국의 CBS에서 방영한
〈빅 브라더 6〉의 출연자들

"리얼리티 스펙터클 고유의 개입과 동일시는 무명의 표본들과의 사
회적 비교라는 독특한 현상을 창출해낸다. 가상의 인물과 자신을 비
교할 때 우리는 자신의 성격이라는 현실을 떠나 스펙터클 주인공의
비현실적인 자질들에 자신을 투사한다."

〈빅 브라더 6〉은 2005년 7월 7일부터 9월 20일까지 12주간 방영되었다. 출연자 14명의 당시 나이는
22~36세, 직업은 소방관, 웨이트리스, 자영업자, 패션 디자인 수강생, 아레나 풋볼 리그 댄서, 그래픽 디
자이너, 응급실 간호원, 예술가 등으로 다양했다. CBS 홈페이지 내 〈빅 브라더 6〉 카테고리에서는 이들
각자의 기호嗜好를 16개 항목(영화, TV 쇼, 배우, 여배우, 음악밴드, 취미, ……알코올 함유 음료, 무알코
올 음료 등)으로 나누어 보여주고 있다.

성향과, 결국 그의 구체적인 행동들과 연결하기만 하면 된다. 어떤 관객은 자신이 인종차별주의자가 아니라고 생각하지만 그것이 의미하는 바는 한 번도 생각해보지 않았다. 인종차별을 주장하는 한 무명인의 표현을 보자면 그것은 이민자들에 대해 증오심을 느끼는 것이고, 그들과 모든 관계를 거부하고, 심지어 때에 따라 난폭해지기도 하는 걸 의미한다. 관객은 자신이 눈으로 본 진짜 인종차별주의자 유형과 닮지 않았기에 안심한다. 다른 한편으로 아프리카가 가난한 대륙이기 때문에 아프리카 문명을 서양 문화보다 열등하다고 생각할지라도 말이다.[6]

그런데 상황은 결코 그렇게 단순하지 않다. 스펙터클은 대개 서로 다른, 심지어 반대되는 표본들로 된 견본을 제시한다. 그럴 경우 구별 또는 동참의 움직임이 동시에 일어난다. "난 저렇지 않아"라는 반응은 연출이 제공하는 반대 입장 속으로 피신할 수 있다. 대립하는 진영의 형성은 관객에게 자신이 아닌 모습과 자신의 모습을 동시에 규정할 수 있게 해준다. 단순화된 어떤 인물에 대한 반대는 그에 맞서는 단순화된 인물과의 결집을 동반한다. 결국, 표본들과 자신을 비교하면서 관객은 완벽한 세트를 기준으로, 다시 말해 이름, 성향이나 경향, 한데 어울리는 행동들을 제공해주는 에토스들을 기준으로 자신의 인성을 규정하게 된다. 그렇게 종의 이름으로 자신을 규정하고 나면 관객은 자신이 주장하는 성격의 경향들에 일치하는 행동들은 추진하고, 맞지 않는 행동들은 그 가치를 낮게 평가하도록 부추김받는다. 다른 관점에서 보자면, 개인적 행동들로 이루어진 하나의 범주에 대한 설명이 그에게 제공되

---

6 이 과정은 호감 가는 행동이 반대되는 결과를 낳는 것과 마찬가지다.

는 셈이다. 그 행동들을 하나의 총칭적 경향과 성격과 연결 짓는 설명
말이다. 그렇게 되면 그는 자신을 명백히 규정하게 해주는 행동들은 강
화하고 고정하게 되며, 자신의 사회적 이미지를 흐리는 다른 행동들은
감추게 된다. 리얼리티 TV는 읽힐 수 있는 사회적 장비 세트를 만들어
내며, 강렬한 스펙터클 효과가 그것을 유난히 매력적이거나 혐오감을
주는 것으로 만든다. 연루된 관객은 그 얼굴들과 자신을 동일시하고,
스펙터클의 유형들에 동참하거나 반대함으로써 직접적인 반응을 보인
다. 진짜이면서 길들여진 에토스들은 규정된 행동들을 산출해내는데,
그 행동들은 개인적 판단으로 여겨진다. 스펙터클한 현실의 무명인들
은 리얼리티 스펙터클의 무명인들과 닮으려는 경향을 보인다.

리얼리티 TV는 개인적 인성보다 하등한 등급의 동물행태학적 요소
들을 유통시키기도 한다. 옷, 자세, 몸짓, 표정, 어조, 말, 표현 등 성격
의 이 모든 세부 요소들은 대개 의식의 바깥에서 지각되지만 놀랄 정
도로 냉철하게 지각된다. 외관에 대한 판단은 눈에 보이는 미세한 요
소들에 대한 평가의 결과인데, 그 요소들에게서 남는 건 전체적 인상
뿐이다. 한 사람에게 부여된 지위는 느끼지 못한 채 지각되고 고려된
수많은 미학적 요인들에 달려 있다. 유쾌하거나 불쾌한 기분을 만들어
내는 건 즉각적인 반응이 아니다. 단순한 감각적 인상이 아니다. 엄밀
한 미학적 판단의 문제다. 다시 말해 분명한 규칙들에 따라 상상으로
본 것의 재구성인 것이다. 이 판단은 개인에 의해 동화된 한 등급의 사
회적 가치들에 토대를 두고 있기 때문에 훨씬 방대한 영향력을 갖는
다. "엄밀한 의미의 '신체적' 기호란 없다. 립스틱의 색깔이나 두터운
정도, 혹은 표정의 형태는 얼굴이나 입의 형태와 마찬가지로 사회적으

로 특징지어진 '정신적' 용모의 단서로 즉각 읽힌다. 다시 말해 '저속' 하거나 '고상' 하거나, 자연스럽게 꾸밈없거나 자연스럽게 교양 있는 정신상태로 말이다."[7] 성격의 세부 특징들은 미학적으로 지각되고 존중되며 사회적으로 평가된다. 하지만 그들의 여정은 끝나지 않았다. 그것들은 몸과 정신적 개체성과 사회적 인성의 모방 가능한 성향들로 대체된다. 서로를 판단하는 개인들 사이에서 복사되고 유통되기에 적합한 행태학적 미세요소들을 모방특징이라 부르자. "몸짓이나 옷, 표현법이나 단순한 어조, (모방특징은) 찬미하는 (혹은 단순히 높이 평가하는) 한 개인과 자신을 동일시함으로써 그의 품행을, 그가 속하는 집단의 품행을 받아들이게 되며, 이 안내인 덕에 그 집단에 합류할 수 있게 될 것이다."[8] 따라서 우리는 단순화되고, 이해하기 쉬우며, 스펙터클에 의해 부각된 현실이 특별히 전파되기 쉬운 모방특징들을 발산할 능력을 소유하고 있다고 가정해볼 수 있다. 결국, 세 가지 수준의 모방특징들을 구분할 수 있다. 한 표본의 총칭과 관계된 인성적 특징들, 기질과 성향과 관계된 성격적 특징들, 가장 미세한 요소들로 표현되는 행동적 특징들.

관객들의 몸과 인성은 리얼리티 스펙터클이 만들어내는 현실의 이미지에 의해 영향받는다. 육체적으로, 그리고 정신적으로 관객들을 개입시키면서 스펙터클은 스펙터클과 현실 사이의 유통 통로를 연다. 그런 다음, 스펙터클은 조련된 동시에 진짜이기도 한 개인들을 보여줌으로써 관객이 그들과 자신을 동일시할 수 있게 해준다. 그리고 이 동일시

7 피에르 부르디외, 『구별 짓기, 사회적 판단력 비판』, 파리 에디시옹 드 미뉘(상식), 1979년, p.214.
8 막스 도라, 『가면과 꿈, 상상할 수 없는 것에 대한 이야기』, 파리, 플라마리옹, 1994년, p.127.

에 힘입어 모방 통로의 잠재적 유통량을 막대하게 증가시킨다. 그리하여 그 통로 속으로 틀에 박힌 모방특징들을 유통시킨다. 그 모방특징들은 정확한 행동들을 하나의 총칭적 유형에 연결 짓는 것으로, 그것들이 조련되고 범주 지어지고 스펙터클한 몸들에 의해 발산되는 만큼 더더욱 강렬하다.

이렇게 말한다고 해서 여기 기웃 저기 기웃 방송을 보는 것만으로 깊이, 그리고 지속적으로 영향을 받는 건 아니다. 성격의 모방과 모방특징의 포착은 일시적이며 쉽게 사라질 뿐이다. 이 성격이, 이 특성이 자리 잡으려면 반복에 의한 고착화가, 사회적 역할연기 속에서의 확인이 필요하다. 모방은 비슷한 상황 속에서 본보기의 반복된 표현을 통해서만 단단히 응고될 수 있다. 그런데 유형화된 인물들이 반복해서 나오는 건 차라리 픽션이거나, 아니면 일년 내내 같은 배우들과 가수들과 사회자들을 보게 되는 쇼 비즈니스다. 리얼리티 스펙터클의 무명인들은 그 정의상 일회용이다. 그렇지 않으면 그들은 하나의 이름을 갖게 될 우려가 있다.[9] 우리는 그들을 다시 보지 못하거나 아니면 거의 보지 못한다. 그들은 개인적으로 인상을 남길 우려가 없다. 모방된 표본들을 고정시킬 수 있는 것은 개인들의 반복된 표현이 아니라, 이 개인들에 의해 표현되는 본보기들의 반복이다. 더 넓게는 리얼리티 스펙터클 표현 방식의 반복이다. "무명의 자연 재해 희생자들"은 저마다 유일하지만 모두가 무대장치와 조련과 자기연출에 힘입어 일정한 특징들을 재현한다. 그들은 정확한 기능을 가진 하나의 역할을 다양하게

---

9 〈로프트 스토리〉의 주인공들은 유명해졌으며 이름을 갖게 되었다는 반박이 있을 수 있겠다. 하지만 그들은 성은 없이, 아주 소멸하기 쉬운 이름만을 가졌을 뿐이다.

연기해낸다. 그리고 다양한 상황 속에서 하나의 동일한 반응 방식이 존재하게 만든다. 남는 것은 그것을 표현하는 무명인의 스펙터클한 특이성에 의해 매번 정당성이 입증되는, 희생자에 대한 상투적 표현이다. 리얼리티 스펙터클에서 행태학적 특성들을 고정하는 건 모델이 되는 개인들의 반복된 공연이 아니라 모델 개인들의 다양화된 집단적 재현이다.

관객의 습관에 의해 고정된 에토스 단편들은 그것들이 사회적 관계 속에 있을 때만 하나의 인성에 지속적으로 동화된다. 그 단편들이 부화하고 발전하는 최적의 환경은 친구들이나 지인들과 같은, 일종의 공모 관계가 지배하는 한정된 사회적 집단이다. 그 같은 집단은 사적인 기능 규칙들의 생성을 통해 외부에 맞서 스스로를 규정한다. 그리고 행동과 관계된 준거체계를 퍼뜨린다. 그 준거체계를 획득하려면 집단의 삶에 동참해야만 한다. 집단의 기억이 있고, 집단의 기분이 있으며, 집단의 습관도 있다…… 자신이 그 집단에 속한다는 걸 증명하려면 그 준거들을 알고 다룰 줄 알아야 한다. 그 대신 집단은 구성원들의 정체성을 재보장해주는 활력을 창출해낸다. 대개 그 집단은 명백하지도 않고 의식적이지도 않지만 각 사람에게 전체 속에서의 기능적 역할을 할당한다. 내적 가치들에 복종하는 일은 이름난 에토스의 안정적인 인정으로 그 대가가 치러진다. 따라서 집단 외부의 모방특징들을 유입하게 되면 문제가 일어난다. 그 모방특징들이 스펙터클한 것일 때는 더더욱 그렇다. 한편으로 그것들은 개개인에게 그들의 사회적 가치를 높이게 해준다. 다른 한편, 그들은 사적인 기능과 갈등상태에 접어들 우려도 있다. 그렇기 때문에 모방특징들은 인정받는 한 구성원이나 동시에 여러 개인들에 의해 유입되어야만 한다. 그것은 동일한 TV 시청 습관을 지닌 동질의 집단에게서 있을 법한 일이다. 뒤이어, 외부와 접촉이 끊긴 상태에서의 작동이 모방특징들의 유통을 촉진시키고, 그것들을 집단 전체에 전파시키며, 집단 속에서 그것들은 서로를 견고하게 만든다. 이렇듯, 집단에게 스스로를 규정하게 해주는 사적 준거들은 외적 스타일과 지위들에 따라 연동하지만 내적 가치들처럼 옹호된다. 표준 모방특징들은 집단의 역할 속에서 개성화되며, 내면성의 도장이 찍히게 되고, 그러고 나면 사적인 것으로 간주된다. 〈로프트 스토리〉의 각 방송마다 진행자가 부모와 선생과 학급 친구들과 함께 방송에 대해 얘기하라고 강력히 조언하는 것은 대수롭지 않게 넘길 일이 아니다. 이 방송은 15~25세 사이에서 아주 인기가 높은데, 수많은 논쟁을 낳아 시청자들 저마다 후보자들의 행동들을 승인하거나 설명하거나 평가한다. 따라서 유사성에 따라 팬 집단이 형성된다. 스펙터클 집단의 한 구성원과의 동일시는 모방특징들을 포착하고 그 특징들이 무명의 집단 속에서 작동하게끔 부추긴다.

습관과 사회적 확인에 의한 고착이란 한 집단의 모든 구성원이 서로 닮으려는 경향을 띤다는 의미가 아니라, 오히려 내적인 모방과 구별 짓기의 작용이 리얼리티 스펙터클에 의해 전파된 표준 범주에 투사된다는 의미다. 한 사람을 통해 하나의 모방특징이 등장할 때 그것이 집단 속에서 우호적인 토양을 찾는다면 증식될 수 있다. 그렇지 않을 경우 내적 구별은 틀에 박힌 반대의 형태를 취하는 경향을 띤다. 집단에 없어서는 안 될 지적 인물은 특히 운동을 좋아하는 사람이나 어리석은 사람과 같은 대립적인 위치에 놓인 구성원들로부터 가벼운 조롱을 살 만한, 차림새와 관련된 모방특징을 제 것으로 삼는다. 이러한 조롱은 "지식인"에게 자신이 바라는 지위에 있음을 확인해주는 기능도 갖고 있다. 이 작용 속에는 승자밖에 없다. 단지 이 모방을 통해 제거된 잠재적 행동들만 빼고는. 인정과 재보장과 쾌락을 산출하는, 작은 "부족"과 같은 한정된 집단의 사회적 작용은 스펙터클하면서 유형적이며 그러면서도 실제적인 모방특징들의 유입과 유통에 힘입어 강화되고 정화되며 정당화된다.

한정된 TV 시청자 집단은 스펙터클의 모방특징들을 비시청자들에게 전파하는 힘 있는 중계자들이다. 개인들에 의해 표방되고, 한 집단에 의해 지지되며, 스펙터클에 의해 강화되는 태도와 스타일들은 그것들의 원천인 스펙터클과 접촉하지 않았던 사람들에게까지 보이고 들린다. 인성과 성향과 행동의 모방특징들은 사회적 모방을 통해 가까운 주변으로, 이어서 멀리까지 전파된다. 스펙터클에서 벗어나려면 자기 TV를 끄는 것만으로 충분하지 않다. 그것이 일상의 한 올 한 올마다 스며들어 있기 때문이다. 더욱이, 리얼리티 스펙터클에 원천을 둔 사회적 모방은 세 가지 유효한 특성을 지니고 있다. 첫째로, 허구나 유명인사를 모방하는 것은 반드시 해독을 필요로 하는 데 비해 이 모방은 현실과 잘 들어맞는다. 필수적인 해독의 공유는 신호에 미치는 스펙터클의 힘을 약화시켜 그것의 메시지를 일그러뜨린다. 반면, 리얼리티 TV의 모방특징은 관능적이면서 동시에 평범하고, 집단적이면서 개별적이며, 조정된 것이면서도 진짜이기도 하다. 그것은 스펙터클에 의해 강화되었지만 일상적 수용과 양립될 수 있는 것이다. 리얼리티 스펙티클은 장애물 없이 스펙터클한 현실로 흘러드는 것이다.

두 번째로, 리얼리티 스펙터클의 모방은 무엇보다 슬며시 이루어진다. 그러지 않으려고 조심할지라도 그렇다. 스펙터클 모방의 가장 고전적인 형태는 유명인사처럼 머리 모양을 하거나 옷을 입으려고 하는 것이다. 팬은 미용사에게 어떤 영화나 방송이나 잡지에서 본 우상의 머리 모양을 해달라고 요구한다. 의상 패션업계는 상품들을 어느 정도 명망 있는 스타들의 이름이나 얼굴과 연결시켜 판매를 촉진한다. 반면, 리얼리티 스펙터클의 모방은 이름을 붙일 수가 없다. 그것의 모델들은 무명이다. 대중 스펙터클의 강력한 경로를 통해 유통되는 머리 모양이나 옷, 표현이나 의견에는 준거가 되는 이름이 없다. 모방특징들은 무명으로 자리 잡는다. 유명한 겉모습을 잘못 모방채 부자연스럽고 망가지는 것과는 반대로 이 모방특징들은 그 개별적 근원을 잊게 하고, 따라서 바람직한 자연스러움으로 연기된다. 이 특징들은 하나의 이름이나 하나의 라벨 속에 고착되지 않은 만큼 더욱 자유롭게 유통된다. 무명의 모델들은 훨씬 유연하다. 조각조각으로 포착되어 유통될 수 있고, 그리하여 모든 수용 조건에 적응하기 때문이다. 무명의 미끼는 스펙터클의 원천을 전혀 접촉하지 못하는 비관객에게 훨씬 더 잘 작동한다. 스펙터클 원천은 드물게 재생된다. 재생되더라도 무명의 태도, 스타일 혹은 행동에서 동물원이라는 출처를 알아볼 단서는 없다.[10]

세 번째로 리얼리티 TV 특유의 모방은 스펙터클에 의해 회수될 우려가 있다. 어떤 스펙터클 공연에서 생겨난 하나의 모방특징이 어떤 관객

---

[10] 여기서도 〈로프트 스토리〉가 문제를 제기한다. 왜냐하면 사람들은 '로아나' 와 같은 방식으로 머리 모양을 하거나 옷을 입도록 요구할 수 있기 때문이다. 그렇지만 이 유명한 무명인의 모호한 지위는 가치 높으면서도(그녀는 스타다) 친근한(그녀는 친구나 마찬가지다) 모호한 모방을 가능케 한다.

에게 포착되었으며, 제한된 집단 속으로 전파되고, 점차 사회적 분위기 속으로 퍼져 나간 뒤, 다시 회수되어 리얼리티 스펙터클의 동물원 같은 장치에 의해 보여진다고 가정해볼 수 있다. 게다가 이러한 확산 고리는 모방특징들이 순환되는 동안 그 힘과 정확성을 상실하지 않으려면 반드시 필요하다. 이 고리들은 무명 배우들의 행동을 다원적으로 결정한다. 무명 배우들은 리얼리티 스펙터클에서 포착된 무대장치와 조련과 자기연출의 규칙들에 따라 자신들의 "진짜 삶" 속에서 기능한다. 이어서 그들은 무대 위에서도 동일한 규칙들을 따른다. 리얼리티 TV의 모방 순환 고리는 이목을 끌지 않음으로 인해 동물원 같은 스펙터클의 기준에 따라 관객과 무명 배우를 확실히 일치시킨다. 그렇게 되면 현실 스펙터클의 전시가 가진 힘은 명백히 동물원 계열과 더불어 동일한 규칙에 따라 현실을 스펙터클로 변모시키는 힘이기도 하다.

리얼리티 스펙터클의 신호는 확산의 힘, 메시지의 반복, 현실 적응, 모방 순환 고리의 은밀하고 닫힌 구조에 의해 증폭된다. 하지만 이것으로는 충분하지 않다. 수용하는 몸들의 수동적 저항은 모방 신호들을 방해하는 소음 효과를 창출한다. 마치 전기저항이 전기의 흐름을 방해하듯이 말이다. 이러한 간섭은 메시지를 일관되지 못한 것으로 만들 우려가 있다. 그렇게 되면 리얼리티 스펙터클은 통제되고 익히 잘 알려지고 관심을 끄는 무대와 유형들을 확산하기보다는 불확실한 얼굴들을 만들어낼 것이며, 기이한 요소들을 발산할 것이며, 무질서하게 진화하는 에토스들을 전파하게 될 것이다. 메시지의 일관성 상실을 상쇄하려면 모방특징들을 하나의 탄탄한 결합 논리로 이어야 한다. 관객 길들이기의 효율성은 모방특징들이 대번에 의미를 전달하고, 리얼리티 스펙터클 고유의 사회적 종들의 유형분류에 토대를 두고 있어야 가능하다.

유형분류

모든 리얼리티 스펙터클은 동물원 같은 장치로서 그것이 전시하는 몸들에 관한 지식을 창출한다. 이 지식은 무대에 올려진 실제 행동들로부터 유형들을 결정하는 것을 목표로 삼는다. 다만, 이 유형분류가 반드시 과학적인 것은 아니다. 왜냐하면 그것이 미학적이자 사회적 영향력을 지닌 역할들이기도 한 종들을 산출하기 때문이다. 유형분류가 일관된 동일시를 유발하려면 충분히 정확해야 하지만, 한편으로 사람들의 관심을 끌고 마음에 들기 위해서는 충분히 재미있기도 해야 한다. 동물원에서처럼 구속과 지식과 스펙터클 사이의 외관적인 모순은 특별한 분류체계를 낳는다. 동물원에서 표본들은 학문적 범주에 따라 숙소가 정해지고 배치되고 전시되지는 않는다. 학문적 분류가 고려되긴 하지만 그것은 규율과 스펙터클과 관계된 규율들과 병합된다. 이 동물은 신경이 예민한가? 겁이 많은가? 위험한가? 인기가 있는가? 어떤 사람들에게 인기가 많은가? 어떤 때인가? 멸종 위기에 있는가? 달리 말해 스펙터클은 볼거리로 제공함으로써 유형을 결정짓고, 또한 그 유형이 이미 결정지어졌기 때문에 보여준다. 속과 종과 스타일이 확인되는 것은 전시회를 통해서이며, 그와 동시에 무대에 오른 것은 이미 존재하는 유형들이기도 하다. 분류는 감옥과 실험실을 거쳐서 스펙터클에 의해, 스펙터클을 위해 이루어진다. 스펙터클의 유형분류가 연출이 아니라는 사실은 밝혀야 한다. 그것은 틀에 박힌 상황 정돈이 아니라, 현실에 그 의미와 정당성을 부여함으로써 현실의 배치 위로 솟아오른 담론과 표현 체계다. 연출은 그것의 배치를 허용한 담론에 의해 얘기된다. 〈빅 브라더〉 유형의 리얼리티 스펙터클에서 관계상황은 엄정한 징집, 다양한 시험들, 목적에 의해 생겨난 감정적인 긴장상태의 결과다. 이 실제상황에는 각 개인의 반응에 대한 설명이 덧붙여지는데, 그 설명은 성격에 대한 해석에 토대를 둔 것이다. 스펙터클은 캐스팅과 신체들에 대한 통제, 보여줄 것에 대한 선택에 힘입어 실제로 유형들을 창출한다. 이어서 그것은 그 유형들의 존재를 공연을 통해 확인하는 척한다. 그리고 스펙터클은 "실제적 허구"[11] 상황의 시나리오 속에 예견된 그 유형들의 행동들을 설명하고 예측하는 "합리적인" 담론을 창출해낸다. 동물원에서와 마찬가지로 리얼리티 TV의 유형분류는 학문적 유형론의 패러디다. 리얼리티 TV의 유형론은 학문적 유형들을 물리적, "교육적", 그리고 유희적 제약에 따라 일그러뜨려 사용한다. 모방이 선험적으로 무명인들을 전형적 역할과 일치시킬 수 있는 것과 마찬가지로 스펙터클의 유형론은 진짜 개인들이 관객을 사로잡고 단골로 만들기에 적합한 미학적, 행동학적, 사회적 유형들 속에 자연스럽게 포함되는 것처럼 소개하는 걸 목표로 삼는다.

한 표본을 분류하기 위한 첫 번째 작업은 유형의 확실성을 위해 적절

---

[11] 2001년 5월 13일 일요일 'La Cinquième (라 생키엠)' 방송에서 〈화상 정지〉라는 프로그램을 방영했을 때 M 6(엠 시스) 프로그램의 책임자는 〈로프트 스토리〉 방송에 자막으로 이런 말을 내보낼 것을 제안했다. "외관을 믿어서는 안 된다." 한 여자 경쟁자(로아나)가 방송 "덕"에 자신이 선정적이면서 예민하다는 사실을 깨달았기 때문이다. 하지만 그것은 전적으로 고전적인 유형이다. 다만 그 "불행한 여자"가 ㄱ 유형에서 두각을 드러낸 것 뿐이다. 그녀는 남자와 자고 나서 운다…… 스펙터클을 위해서는 더없이 좋은 일이 아니겠는가?

하다고 판단되지 않는 특징들을 제거하는 데 있다. 현실의 복잡성을 훨씬 다루기 쉬운 몇 가지 범주로 축소하는 것이다. 그러자면 표본이 제공한 정보들을 미리 규정된 형식에 따라 분류해야 한다. 인터뷰에서처럼 "역할들을 배분하고 모든 대답이 미리 만들어진 질문들을 거치게 하는 이원적 장치는 언제나 있다. 질문들은 주된 의미에 따라, 있을 법하다고 가정되는 질문에 따라 이미 대답이 계산되어 있기 때문이다. 이렇게 해서 하나의 분류표가 형성된다. 그 분류표를 거치지 않는 모든 것은 들리지 못한다."[12] 분류표의 특징들을 결정했을 때는 그것들을 강조함으로써 눈에 띄게 만들어야 한다. 스펙터클 유형분류의 경우 무대장치와 조련과 자기연출의 키치에 힘입어 그 특징들이 공연 시산과 공간 속에 등장할 때는 그 강도가 압축된다.[13] 요컨대 상황 속에서는 물론이요, 전시 속에서도 단순화되고 압축된 현실인 것이다. 선택되고 상황에 의해 강화된 행태학적 특징들은 편집과 형태학적 담론에 의해 다시 한 번 강조된다. 마지막으로, 분류되고 압축된 고유한 특징들을 쉽게 읽히고 합법적이며 매혹적인 여러 유형 속에 끌어 모아야 한다. 스펙터클은 마치 자연적으로 유형화된 성격과 인성의 확실성을 확인하는 것처럼 이루어진다. 하지만 그것들의 산출은 이미 존재하는 유형론의 적용에 그 토대를 두고 있다. 유형론은 구축되어 하나의 순환 고리 속에서 항시 적용된다. 유형학에서 연출로 이어지는 고리 말이다. 연출은 새로운 경우의 유형론을 증명해주고 풍요롭게 해준다. 그렇기 때문에 스펙터클의 유형론은 항상 변동상태에 놓여 있다. 그것은 패러디풍의 유형론

---

12 질 들뢰즈, 『대화』, 파리, 플라마리옹(영역), 1996년, p.27.
13 이렇게 해서 〈로프트 스토리〉는 제작자들에 의해 삶의 촉진제로 제시되고 참여자들도 그렇게 체험한다.

으로, 현실을 단순화하는 원칙인 동시에 그 현실의 분류 범주를 복잡하게 만드는 원칙이기도 하다. 그것은 유형들과 그것들의 가능한 조합의 수를 늘리고, 다양화하고, 섬세하게 다듬으며, 그렇게 해서 가능한 한 가장 많은 행동들을 무대에 올리고 분류하게 해준다. 하지만 패러디풍일지라도 스펙터클의 유형학은 그 합법성을 확립하기 위해 분류 전문가들을 필요로 한다.

리얼리티 TV 제작자들의 "대중적"이라는 주장과는 달리 전문가의 얼굴도 없지 않다. 방송의 내용에 관해 자신의 의견을 표현할 만한 의사나 심리학자, 사회학자나 혹은 어떤 전문가는 언제나 있다. 만약 전문가가 없다면 진행자가 전문가를 대신한다. 〈토론합시다〉 프로그램에서는 많은 전문가들이 정보를 제공하고 증언들을 해설하는데, 그 역할은 상세한 내용을 적은 메모 덕에 방송 내내 진행자가 맡는다. 〈로프트 스토리〉의 한 특집은 그 주간의 사건들을 분석하는 것이다. 한 여성 심리학자와 남자 정신과 의사가 후보자들 가족의 도움을 받아 후보자들의 행동들을 해석하고 예측한다. 인터넷상의 노출만이 전문가라는 존재에서 벗어난다. 그렇다고 해서 노출된 사람들과 그것을 보는 관객들 사이의 대화에서 스펙터클에 관한 설명과 해석과 예측이 증대되지 않는 건 아니다. 전문가나 평가가 어디에건 존재한다는 것은 하찮은 사실이 아니다. 전문가가 리얼리티 스펙터클의 초대 손님이 아닐지라도, 그는 무명인들의 행동과 말에 대한, 없어서는 안 될 지지자다. 동물원의 수의사들이나 연구원들처럼 방송 무대의 전문가는 그 존재와 말로써 전시를 정당화해준다. 그는 또한 보여지는 것을 이해하는 데도 도움을 준다. 그는 인정받은 전문성이라는 후광을 두르고 있음에도 조심스레 개입한다. 교육 프로그램과는 달리 그는 강의를 하지 않으며 전문가가 방금 본 현실적 사실을 어떻게 해석할 수 있는지를 보여주는 것에 그친다. 그는 장황하게 설명을 늘어놓지 않으며 그저 해설할 뿐이다. 교훈을 주는 대신에 해설만 함으로써 딱딱한 학문적 담론을 부드럽게 완화시킨다. 그는 어떤 개별상황에, 그리고 무지하다고 판단되는 관중을 위해 개념들을 재빠르게 적용시켜야 한다. 미디어 전문가의 담론은 학문과 스펙터클의, 지식과 견해의 특성을 동시에 지녔다. 범주들이 흔들리면서 솔직함과 즉흥성에 대한 너그러운 마음을 부추긴다. 더욱이 해설은 전문가를 스펙터클 장치로부터 분리시켜준다. 그는 아무런 입장도 대변하지 않으며 그저 사실만을 확인할 뿐이다. 그의 개입은 공정하고 객관적인 것으로 보인다. 〈로프트 스토리〉의 심리학자들처럼 방송 감독에 참여할지라도 말이다. 그들은 말한다. 모든 게 잘 되어가고 있다고. 하지만 그들은 자신들이 감수한 캐스팅을 의심할 자세가 되어 있을까? 마지막으로, 해설은 전문가에게 자신의 역할을 가지고 연기하고, 스펙터클의 인물로 분장하게 해준다. 넉넉한 미소, 근사한 옷, 달변과 유머는 오락성 분류를 받아들이게 한다. 스펙터클의 리얼리티에 대한 전문가의 해설은 유연하면서 객관적이고 재미도 있는, 다시 말해 받아들일 만하고 합법적이며 전염성 있는 유형론을 만들어내게 해준다.

그럼에도 스펙터클 유형론의 내용이 안정적이지도 않으며 통일되지도 않는다는 사실은 털어놓아야겠다. 방송들의 다양성과 그 목적과 제약들 때문에 우리는 규정되고 제시된 유형들에 정확히 동일한 속성들을 부여하지 못한다. 리얼리티 스펙터클은 규율의 획일성보다는 오히려 생활방식의 극단적 다양성의 진열장이라고 할 수 있겠다. 그것은 "조심하세요! 이렇게 하거나 저래야 합니다."라고 말하지 않고, "당신들은 자유롭습니다. 당신 자신이 되십시오."라고 말한다. 어쨌거나 스펙터클의 큰 유형들의 공통된 구성도표를 그리고, 교사, 은퇴자, 작가, 교외 거주자, 활동적인 중역이나 농부를 분류할 수는 있을 것이다. 그렇게 되면 통계분석에 토대를 둔 응용사회학의 작업이나, 신문이나 잡지의 가장 진부한 편견들의 수집과 같을 것이다.[14] 그런데 여기서 하려는 말은 이것이 아니다. 유형들을 묘사하는 도표는 경향성을 띠거나 부분적이거나 아니면 반대로 초연하고 추상적일 수도 있다. 특히 그것은 극단적으로 일시적일 우려가 있다. 유형들이 수많은 사회적 조건과 스펙터클의 조건에 항시 맞추어야 하기 때문이다. 반대로, 유형론의 구성도식은 거의 고정되어 있다. 유형론 요소들의 결합과 변동을 관장하는 조합규칙들은 매우 일관성 있다. 그것들은 리얼리티 TV 스펙터클에서 볼 수 있는 것과 볼 수 없는 것을, 나아가 현실에서 만날 수 있는 것까지도 실제로 일러준다.

완벽한 스펙터클 유형은 하나의 종과 몇 가지 성향과 다양한 행동들

---

14 이 주제와 관련해서 1993년 5월 13일에서 19일에 《엑스프레스》지에 실린 흥미로운 유형론을 참조하라. 거기에선 사회적 범주들을 묘사하는 글을 볼 수 있는데, 단색 배경에 "무대와 유형들"이라는 제목의 사진들이 삽화로 들어 있다. 소방수, 유니폼, 콧수염, 온화한 미소. "사이렌이 울부짖자마자 그는 달타냥처럼 신발을 신은 채 위험을 향해 돌진한다. 그가 지나는 길에는 가죽과 화약과 용맹의 냄새가 났다……." 소년은 초점 잃은 눈으로 불만스런 표정을 짓고 있었다. 말 안 듣는 몇 가닥의 머리카락이 삐죽이 이마를 가리고 있었다. "그 아이는 뜻밖의 말투로 말을 했는데, 그 말투를 프랑스어와 비교하자면 마치 벽에 휘갈긴 나서를 마티스의 그림과 비교하는 셈이었다." 노동조합 운동가는 플래카드와 메가폰을 들고 슬로건을 외친다. "결집을 호소하는 열띤 그의 말은 이제는 베르트 실바가 울부짖으며 부른 〈흰 장미〉의 낡아빠진 후렴구에서밖에 메아리를 찾지 못한다." 하지만 젊은 아랍 여성, 가축, 중국 식당 주인, 포르투갈 수위, 아랍 식료품 가게 주인 등도 마찬가지다.

로 구성된다. 종은 사회적 기능에 따라, 그리고 스펙터클의 기능에 따라 표본을 규정한다. 표본은 무엇보다 사회 속에서 그가 차지하고 있는 자리에 의해, 그의 신분에 의해 지칭된다. 직업 또는 주요 활동, 성별, 나이, 사는 곳 등. 또한 그는 대개 자신이 처한 상황에 의해 특징지어진다. 그는 희생자일 수도 있고, 죄인일 수도, 외국에 있을 수도, 장애인이거나 환자일 수도 있다. 이러한 정보들은 화면 위나 화면 밖의 목소리를 통해 표본의 성과 이름에 따라다니며, 그의 가능성에 첫 번째 경계선을 긋는다. 〈로프트 스토리〉에서는 "스티비, 21세, 술집 종업원, 르 망스(사르트) 거주."라고 알리며, 8시 뉴스에서는 "X씨, 농민, 솜 Somme 계곡 홍수의 희생자."라고 알린다 표본은 또한 방송에서 그가 맡은 역할을 규정하는 스펙터클의 기능에 의해 특징지어진다. 그는 모임에 활기를 불어넣는 사람이거나 흥을 깨는 사람이거나, 타협을 잘 하거나 반항적인 사람 등이다. 그 다음엔 종 내에서도 행동 경향이나 주된 습관을 통해 성향 유형들이 표본을 규정한다. 용기가 있다거나 예민하다거나 거만하다는 등과 같이. 마지막으로 종 특유의 행동들은 표본이 볼거리로 제공하는 것을 묘사하게 해준다. 우리는 가장 미미한 행위들을 보다 광범위한 행동 그룹 속에 끌어 모은다. 힘 있는 목소리, 큰 동작, 직접적인 발언은 공격적인 행동의 기호들이다. 망설임, 마이크를 잡으면서 떠는 손, 기어들어가는 목소리는 긴장을 가리킨다. 이러한 분류는 전문가나 진행자나 아니면 관객의 내면화된 분류작업에 의해 어느 정도 겉으로 드러나게 나타난다. 〈로프트 스토리〉 참여자들의 행동들을 해설하는 화면 아래에 나타나는 작은 메시지들이 바로 그러하다. "자포자기하는 필립!", "훌륭한 조언자 로아나."[15]

리얼리티 TV의 유형론은 단지 표본들의 종과 성향과 행동들을 규정하려는 것이 아니라 무엇보다 그것들을 보여줌으로써 그들의 조합 규칙들을 정하려는 데 있다. 문제는 우선 가장 전체적인 것에서 가장 세부적인 것에 이르기까지 일련의 수직적 연계다. 종은 개별적 행동들을 만들어내는 주된 성향을 결정한다. 이 배열을 역방향으로 읽을 수도 있다. 일부 행동들은 하나의 종 속에 포함시킬 수 있는 하나의 성향을 가리킨다. 범죄 범주(종)에서 훔치고 싶은 마음(경향)으로, 그리고 예상되는 개별적인 절도(행동)로까지 이어질 수 있으며, 혹은 훔치고 싶은 마음을 전제로 하는 절도에서 그것의 피할 길 없는 결과인 범죄자가 되는 것까지 이어질 수도 있다. 그러면 행태학적 특성들의 조합은 유형론의 각 차원에서 수평적인 배제와 연루에 따른다. 이름의 차원에서 한 표본이 한 종에 속할 때 그와 양립 불가능하다고 판단되는 종들에는 속하지 못한다. 우리가 시위에서 난동 부리는 사람이면서 정치에 관심 많은 사람일 수는 없는 것이다. 모든 지위는 대립항으로 기능한다. 남자/여자, 젊은이/늙은이, 백인/흑인, 프랑스인/외국인, 이성애자/동성애자, 부자/가난한 자 등으로. 그와 동시에 하나의 종은 일정 조건에서 조합 가능한 종들과 가까이에 있다. 우리는 자기 일을 "잘" 할 때만 교사이면서

---

15 《TV스타》, 〈로프트 스토리〉의 인물들에 관한 유형론, 2001년 5월 19일에서 25일 주간. 1. 신분의 사회적 유형론. "로아나, 23세, 니스, 고고gogo-댄서. 파브리스, 29세, 안마스, 무직." (우리는 그들이 독신이어야만 한다는 사실 또한 안다.) 2. 스펙터클 기능에 따른 유형론. "켄자 : 미스Miss 10만 볼트, 쥘리 : 흑진주, 로아나 : 바비 걸, 로르 : 빈틈없는 부르주아, 필립 : 고상하고 분위기 있는 지적 인물, 크리스토프 : 좋은 친구, 스티비 : 쾌활한 낙천가, 장-에두아르 : 플레이보이, 아지즈 : 쿵푸 코치, 파브리스 : 예술가 집안 출신." 3. +와 -로 분류된 기질(성향) 유형론. "스티비. +섬: 일성, 진질. -껌 : 악간 거칠없는 면, 어린애 같은 면. 로아나. +점 : 상처 입은 마음, 돋보이는 몸매. -점 : 잘 토라지는 성격과 혼자 있길 좋아하는 점. 크리스토프. +점 : 예민한 감수성과 이타심. -점 : 사건을 정치화시키는 성향" 등.

동성애자일 수 있다. 유형론적 차이를 열성적으로 메우려면 하나의 지위와 관련된 이점들을 잃어버릴 각오를 해야 한다. 성향이라는 낮은 수준에서는 대개의 경우 주된 경향이 반대되는 경향과 모순된다. 스펙터클의 유형론은 "확실히" 양립 불가능한 형용사의 짝들을 어설프게 사용한다. 착한/나쁜, 침착한/신경질적인, 순종하는/반항하는, 규율을 준수하는/산만한 등으로 말이다. 하지만 틀에 박힌 성향들의, 모호하다 못해 심지어 모순적이기까지 한 조합을 통해 하나의 표본이 규정되는 일도 있다. 그것이 모호한 유형을 표현해야 하기 때문이다.[16] 리얼리티 스펙터클은 한 표본의 몇 가지 성향을 읽기 쉽게 만들기 위해 저속한 심리주의를 이용한다. 마지막으로, 행동들이 대립은 능력의 등급에 토대를 두고 있다. 거기엔 오래된 속담이 적용된다. "어려운 일을 해내는 자는 쉬운 일은 거뜬히 해낸다." 또한 덜 알려진 원칙도 적용된다. 가장 많은 것을 하는 자는 적은 것을 할 마음이 없다는 원칙이다. 한 남자가 아름다운 여자를 유혹할 때 우리는 그가 못생긴 여자는 당연히 유혹할 수 있다고 가정한다. 하지만 한 남자가 못생긴 여자를 유혹하는 걸 볼 때 우리는 그가 그 이상의 여자를 유혹할 수 없기 때문이라고 가정한다. 두 논리의 만남은 양립 불가능한 행동들의 수직체계를 만들어낸다. 한 가지 일을 할 수 있는 한 개인은 그와 유사한 훨씬 쉬운 일들을 할 수 있는 것으로 인정되지만 스펙터클의 분류 속에 떨어지지 않으려면 그 일들을 하지 말아야 한다. 가장 많은 일을 할 수 있는 사람이 적은 일을

---

16 《TV 7일》, 2001년 5월 31일. 스티비는 "성숙하면서도 동시에 어린아이 같으며, 과묵하면서도 외향적이며, 태평하면서도 번뇌한다." 왜냐하면 그는 "그 나이의 많은 젊은이들처럼 자기 뒤로 남겨둔 청소년기와 그를 기다리고 있는 성인 세계 사이에서 고뇌하기 때문이다. 그는 이 양면성을 가꾼다."

할 때는 많은 일을 할 수 없는 사람과 섞일 위험을 무릅쓰는 것이다. 따라서 호색한이 볼품없는 여자를 유혹하려고 시도한다면 좌절한 유혹자로 여겨질 우려가 있는 것이다.[17]

스펙터클의 유형론은 정태적인 구조 너머로 유형들의 변화나 발전의 규칙들을 일러준다. 습관은 행동들에 성향을 변화시키는 힘을 부여하고, 따라서 종의 변화를 불러일으킨다. 이는 이미 누군가 밟은 본보기적인 여정을 전시함으로써 "당신이 ……라면, 당신이 ……가 된다면"이라는 형태를 취할 수 있다. "학교폭력"을 다룬 〈토론합시다〉 방송에서 16세의 한 남학생이 좋은 변화의 본보기로 제시되었다. "이제 당신은 더 이상 싸움꾼이 아니라 근면한 학생입니다." 청년은 소개자의 인도를 받아 자신의 태도 변화를 얘기한다. 그는 자신의 옛날 성향들을 제시한다. "난 학교가 싫었어요." 그리고 그는 불량학생의 행동들을 다시 연기해 보인다. 무례한 말, 거친 행동과 욕설. 그런 다음 그는 변화의 계기가 된 결정적인 단계를 얘기한다. 교장 선생님이 아버지를 학교에 오게 했을 때 그가 느낀 수치심과 아버지의 맹세가 그의 행동을 변하게 하는 데 충분했다는 것이다. 마지막으로 그는 자신의 점차적인 발전을 설명한다. 학교의 격려에 용기를 얻어 그는 바른 행동을 하는 습관을 들였다. 역으로, 발전 프로그램은 이런 형태를 취할 수도 있다. "당신의 모습은 ……하다. 당신이 되고 싶거나 될 수 있을 모습은 ……하다."

---

17 이 조합된 유형론은 인종 전시회를 위해 다음과 같은 수직적인 분류를 제공한다 : 흑인은 난폭하다. 그렇기 때문에 그는 소리를 지르며 창을 허공에 던진다. 역으로 그가 그런 행동을 한다면 그것은 그가 다른 야만인들과 마찬가지로 난폭하기 때문이다. 수평적인 분류는 이러하다 : 흑인이면서 문명인이 된다는 건 불가능하다. 흑인의 야만성은 문명의 섬세함과 양립 불가능하다. 손으로 먹는다면 그것은 포크를 사용할 줄 모르기 때문이다.

그러면 스펙터클이 갈망할 만한 소비 대상으로 제시한 유형을 향한 발전을 위해 합법적인 표준 프로그램을 묘사하는 데 전문가가 추천된다.[18]

리얼리티 스펙터클의 분류작업은 결국 서로 다른 유형의 표본들 간에 사회적 관계의 본질을 보여주려는 데 있다. 첫째로, 그 작업은 종에 따라 행동과 말의 가능성들을 부여한다. 그리고 "말하는 주체들을 여러 유형의 담론 속에 분배하는 일과 몇몇 범주의 주체들에게 담론들을 귀속시키는 일"[19]을 보장한다. 표본들의 말은 그것이 그들의 사회적 기능이자 스펙터클의 기능과 관계된 것일 때 정당한 것이다. 만약 그런 경우가 아니라면 그들은 초대되지 못하며, 지도받거나 편집되고, 제거되기나 아니면 우리가 그들의 말을 들을 수기 없다. 또한 같은 종에, 같은 성향이나 행동을 지닌 표본들의 담론은 서로 교환 가능하다고 가정된다. 홍수의 희생자는 다른 희생자를 대신해서 말할 수 있다. 뉘우친 범죄자는 범죄자의 후회를 증언하는 데 다른 범죄자와 똑같은 가치가 있다.[20] 그렇기 때문에 한 번도 얘기되지 않은 유형의 경험 얘기를 제공하는 표본은 자격을 박탈당하는 것이다. 마약중독자였던 사람이 향수를 품고 마약에 대해 얘기한다면 정말로 마약을 끊었는지 의심하게 될 것이다. 두 번째로 스펙터클 유형론은 종 사이의 유사점과 반감을 일러준다. 그리하여 가능한 결속과 확실한 반목의 지도를 그리는 것이다. 연

---

18 프랑스 3 방송 인터넷 사이트, 2000년 11월. "〈나의 선택〉을 통해 프랑스 3은 (…) 각 개인이 선택해서 자신의 현재 모습을 받아들이거나 혹은 자신이 원하는 모습으로 되게 해줄 만남을 제안합니다."
19 미셸 푸코, 『담론의 질서』, 파리, 갈리마르, 1971년, p.46.
20 〈로프트 스토리〉에서 켄자가 탈락되던 날 사람들은 이미 탈락된 아지즈에게 물었다. "켄자의 머릿속에서 어떤 생각이 오갈까요?" 그는 이미 "동일한" 경험을 했기 때문에(그는 탈락한 인물이다), 그리고 그녀와 함께 음모를 꾸몄기 때문에(두 사람은 조합 가능한 같은 종에 속한다) 다른 사람을 대신해서 말할 수 있다.

출에 의해 형성된 진영은 개와 고양이처럼 서로 어울릴 수 없는 두 종 사이의 자연적 대립으로 축소된다. 〈로프트 스토리〉에서 스펙터클 장치는 커플들을 예견할 수 있게 해준다. 대번에 가능한 짝짓기 도식이 그려진다. 두 "아랍인" 후보자는 커플이 될 것으로 예견되었고, 스펙터클은 두 사람의 관계를 연출했다. 유형론은 "유유상종"[21]이라는 사실을 확인해주었다. 세 번째로, 리얼리티 TV의 분류는 연출을 통해 확인된 사회적 수직체계의 서로 다른 단계들을 보여준다. 사장의 말은 노동자의 말처럼 다루어지지 않는다. 사람들은 상사에게는 예의 바르고 조심스럽게 행동하며, 아랫사람에게는 차갑고 단호하다. 동료와는 은근한 공모가 이루어지고 외국인과는 거리를 둔다. 강자에게는 찬사를 보내고 약자에게는 투덜거린다. 스펙터클 장치는 관객 다수가 인정하는 우월적 특징들을 전면에 내세우고 유형론에서 벗어난 능력들은 감춘다. 그런 다음 연출된 몸과 말 속에 "눈에 드러나게" 자리 잡은 열등감이 즉흥적이고 자연스런 것임을 확인하거나 관찰하게 한다.

리얼리티 스펙터클 고유의 분류체계는 전적으로 새로운 사실은 제시하지 않는다. 상식의 범주들을 무대 위에 재생해낼 뿐이다. 그리고 각 자리의 가치를 규정하고 보여줌으로써 각자가 자기 자리에 남아 있도록 촉구한다. 허구에 비해 이 분류체계가 갖는 특성은 현실의 시험에 힘입어 그 유형분류를 즉각 유효하게 만든다는 점이다. 상식의 범주들이 불안한 묘사에서 마음을 놓이게 하는 스펙터클의 전시로 건너가게 된다. 유형론과 연출 사이의 증폭 고리가 전시된 몸들의 저항이라는 잡

---

21 뜻밖의 결합이 이루어진다 하더라도 유형론적 담론은 나중에 그 유사점들을 알아볼 수 있다. 중요한 것은 모든 결합에는 자연적이고 예견 가능한 원인들이 있다는 사실을 확인하는 것이다.

음효과에 의해 위협받는 사회적 모방의 일관성을 보장해준다. 그럼에도 화면에 나타나는 인간 동물원의 유형분류 결과는 인종 전시회나 식민지 전시회의 그것과는 다르다. 덜 경직되고 덜 제한되며 한결 유연하고 방대하다. 더 이상 문제는 야만인이나 식민지 피지배자와 같은 이질성 부류의 인위적인 에토스를 만들어내는 것이 결코 아니다. 수많은 개인들을 하등인간 유형의 꼭대기를 이루는 몇 가지 유형으로 축소하려는 것이 목적이 아니다. 그와 반대로 리얼리티 TV는 차이를 짓밟는 것처럼 보이지 않은 채 "다른 것"을 "같은 것"이 되게 하려고 한다. 그것은 기이한 느낌을 주지 않고, 분류를 모호하게 만들지 않으면서, 수직 체계를 뒤흔들지 않으면서 가능한 한 가장 다양한 유형들을 창출해낸다. 즉흥적이고 진실하며 흥미로운, 그와 동시에 예견 가능하면서 인위적이며 평범한 현실을 전시함으로써 자유로운 다양성이라는 환상을 심는 것이다.

예견, 동일시, 소화

동물원 스펙터클의 본질은 근본적인 것이 예견되었음에도 모든 게 가능하다고 믿게 하려는 것이다. 말하자면 "불확실한 사건을 제어"하는 데 있다. 뜻밖의 일들이 일어날 수도 있다. 스펙터클의 신빙성에는 반드시 우연의 여지가 남아 있다. 하지만 그 무엇도 동일시를 막지는 못할 것이다. 그 무엇도 모방에 제동을 걸지 못할 것이며 유형분류를 뒤집지 못할 것이다. 요컨대 스펙터클 상황의 결정 사안들과 근본적으로

상반되는 일은 없을 것이다. 리얼리티 TV의 장치들은 실제로는 사건을 거세하는 기구이면서 반대되는 일을 한다고 주장한다. "리얼리티 쇼는 (…) 미리 살아볼 수 없는 현실로 문을 열어줌으로써 충족시키지 못했던 욕망을 강화한다. (불행히도) 모든 건 프로그램에 따라 사전에 짜여져 있다. 생방송이라는 인상이 예측 불가능한 일인 척 시늉하는 데 기여한다."[22] 뜻밖의 일이 일어난 거라고 믿게 하기 위해서 깜짝 놀랄 일들이 준비된다. 무명의 배우들에게서 즉흥적인 반응을 불러일으킬 돌발사건들이 준비되는 것이다. 뜻밖의 상황들을 만들어내어 표본들이 "생방송"으로 적응하게 만든다. 그런 뒤 원인들을 조종하고 있다는 사실은 감춘다. 표본들의 인성이 돌발사건에 따라 예견된 것임에도 그들이 아무렇게나 반응할 수 있었을 거라고 믿게 만든다. 행동과 반응의 짜임이 일어날 일의 가능성을 결정짓는데도 예측 불가능한 부분이 있다고 믿게 만드는 것이다. 그러고 나서 이제 돌발사건의 결과를 거둬들인다. 놀라게 하거나 놀란 행동들을 가지고 이야기를 만들어 무언가가 일어났음을 드러내고 무슨 일이 일어났는지 묘사한다. 사전에 예견된 사건을 사건이 일어나고 나서야 알게 된 척하거나 예견하지 못한 면모를 진짜 허위 돌발사건으로 둔갑시킨다. 이러한 시늉의 목적은 사건의 은밀한 통제에 있다. 요행적이고 야성적인 출현은 동일시와 유형론적 모방으로 작동하는 스펙터클에는 대재앙이다. 스펙터클 리얼리티의 길들이기 장치들이 드러난다면 그 또한 대재앙이 될 것이다 .

사건이란 단절을 초래하는 일의 예기치 않은 출현으로, 그 이후에는

시간의 정상적 흐름이 돌이킬 수 없게 변한다. 반드시 큰 사건을 말하는 건 아니다. 원인과 결과의 예기된 연결고리를 제 선에서 끊는, 순간적인 작은 단절일 수도 있다. 그런데 최고의 사건은 죽음이다. 죽음은 날짜를 알 수 없는 것이며, 죽음 뒤에는 더 이상 날짜가 없다. 또한 죽음은 예고되지 않는 것이며, 그 미래는 절대적으로 결정적이다. 하지만 바로 같은 이유로 죽음은 항상 일어나는 일이기도 하다. 세상에 태어나자마자 우리는 어김없이 추락하기 시작한다. 그것은 가장 예견 가능한 것이기도 하다. 왜냐하면 결코 그 무엇도 죽음을 구슬릴 수는 없기 때문이다. 나의 죽음은 다른 사람들이 참조하는 내 평생의 사건이다. 그것은 나의 행동들의 지평선이요, 내 가치들의 척도다. 죽음은 모든 삶의 운명이다. 과거에도 그랬으며 앞으로도 그럴 것이다. 이 영원한 사실 앞에서는 모든 비교가 자취를 감추고 모든 가치가 용해된다. 사건이란 개인적으로는 예측 불가능하며 새롭고 갑작스런 것이지만, 사건이라는 것 자체가 피할 수 없고 항상 능동적이며 무한한 것이다. 사건의 제어는 무엇보다 그것의 일시적 특징들을 뒤집는 데 있다. 사건은 미래를 바꾸면서 과거와 아무런 관계가 없는 것이 아니라, 과거에 의해 초래되었으며 미래에 주목할 만한 결과를 미치지 않는다. 예측 불가능하고 결정적인 것이기에 예측되고 여파가 없는 사실이 된다. 물론 미묘한 차이를 고려해서 말해야 할 것이다. 스펙터클에 의해 길들여진 사건은 전적으로 예견되지 않을 수도 있고, 부작용을 낳을 수도 있다. 극단적으로 그것은 예견되지 못할 수도 있으며 많은 여파를 낳기도 한다. 하지만 중요한 것은 스펙터클 공연은 사건에 그런 힘을 부여하길 거부한다는 점이다. 사건이 예견되지 못하고 여파를 낳는다면 그것은 어디까지나 무지의, 무능력의 결과일 뿐이다. 돌발사건은 예견되었어야 했거나 예견될 수 있었어야 한다. 사건이 일어난 후에라도 예견될 수 있고, 또 그래야만 한다. 달리 말해, 길들여진 사건의 평가가 뒤집히는 것이다. 우연한 과거가 중요한 것이 되고, 그 사건은 하나의 원인에 연결되어야 한다. 뜻밖의 미래는 무관심한 것이 되고, 우리는 그것이 가져올 것을 안다. 이렇듯, 사건을 제어한다는 것은 가능성들을 조정하는 것이다. "한쪽 사람들에게 힘의 행사란 다른 사람들의 가능한 행동반경을 조직하는 것이다."[23] 무대장치를 만드는 것, 조련을 하는 것, 자기 연기를 하는 배우들을 무대에 세우는 것, 그것은 행동의 현실적 가능성들을 조정하는 것이다. 유형론적 담론을 창출하고 적용하는 것, 그것은 행동들의 스펙터클 가능성들을 드러내는 것이다. 현재의 침투력은 현실적 가능성들의 조건에 의해 선험적으로 억제되며, 스펙터클 가능성의 조건들에 의해 후험적으로 억제된다. 이 이중의 한정은 완벽하게 기능하는 모순들을 만들어낸다. 미래의 설명에 이미 적절히 맞춰진 현재 순간들, 예견된 우연, 미리 짜여진 사건들 등이 그것이다. 가능성을 조정함으로써 생겨난 시간의 전도가 사건을 해체한다. 모든 개인적 사건은 즉각 예견 가능하며 조정되고 평가된다. 일상의 시간에 더 이상 바깥이란 없으며, 동일한 것의 얼룩덜룩한 전개만 있을 뿐이다.

스펙터클은 어떤 일도 일어날 수 없는, 다시 말해 일어나는 모든 일이 예견되고 아는 것이고 설명되는 현실을 보여줄 때 마음 놓이게 한

---

23 미셸 푸코, 「주체와 권력」, 『말해진 것과 씌어진 것』 제4권, 파리, 갈리마르(인문학 총서), 1994년, p.239.

다. 근본적으로 사건을 제어한다는 것은 그것을 "좋은 방향"으로 바로잡는 것이며, 양식良識으로 받아들일 만하게 만드는 것이다. 양식이란 "한 방향의 긍정이다. 이 방향의 결정은 가장 분화된 것에서 가장 덜 분화된 것으로, 특이한 것에서 적법한 것으로, 눈에 띄는 것에서 평범한 것으로 향하는 것처럼 이루어진다. 과거에서 미래로 가는 시간의 화살 방향인 것이다 (…) 예측 작용은 이렇게 가능하다. 정주하는 분류의 유형에 그보다 앞선 모든 특성들이 통합되는 것이다."[24] 과거 없이 오직 미래를 향해 열린 단절은 좋은 방향이 아니다. 그것은 불안의 원칙이다. 왜냐하면 그 단절은 다가올 미지의 것을 향해 열리는 사건의 암초에 부딪쳐 과거를 부서지게 만들기 때문이다. 사건은 마치 수풀 속의 호랑이와 같다. 그것은 언제라도 뛰쳐나올 수 있으며 무슨 짓을 할지 아무도 모르는 것이다. 리얼리티 스펙터클은 단절 사냥을 한다. 단절들을 사로잡고 구속하고 바로잡아 길들여 전시한다. 길들여진 사건은 관객을 전율하게 하지만 위험에 빠뜨리지는 않는다. 흥분되고 뜻밖이지만, 중요한 결과가 예측 가능한 작은 두려움들을 무대에 올리는 연출을 통해 관객은 다시금 안심하게 된다. 리얼리티 스펙터클에서 깜짝 놀라는 반응과 틈새와 변화를 만들어낼 행동과 말은 마치 벵센 동물원의 호랑이나 사자와 같다. 그들은 대개 자거나 하품을 하고 있지만, 이따금은 그들에게 던져지는 피 흐르는 고기조각을 물어뜯기 위해 으르렁거리며 흥분하는 야성적 스펙터클로 관중을 깜짝 놀라게 한다.

---

[24] 질 들뢰즈, 『의미의 논리』, 파리, 에디시옹 드 미뉘(비평 총서), 1969년 p.93.

낯선 것은 불안감을 주므로 그것의 "힘과 위험을 쫓아내야" 한다. 한 부부가 시내 한가운데서 교통사고를 목격한다. 부상자가 구경꾼들에 둘러싸인 채 바닥에 누워 있다. "부인은 위 부근이 거북해 오는 걸 느끼고 있다 (…) 한동안 말없이 가만있다가 남자가 그녀에게 말한다. '대형 화물트럭은 제동거리가 너무 길어.' 부인은 이 말에 안도감을 느끼고 세심한 눈길로 감사 표시를 한다. (…) 그녀는 제동거리가 무엇인지 알지 못했으며 더구나 알고 싶지도 않았다. 그런데 그 끔찍한 사고가 어떤 질서 속에 들어가서 더 이상 그녀와 직접적으로 연관되지 않은 기술적인 문제가 될 수 있다는 사실만으로도 그녀가 안도감을 느끼기에 충분했던 것이다."[25] 부인은 무슨 일이 일어난 건지 알지 못했으며, 그것을 이미 알고 있는 것과 연결 지을 수도 없으며, 그것을 명명하기 위해 새로운 범주를 지어낼 수도 없었다. 그녀는 의혹을 품고서 주저하고 있었다. 낯선 것은 위험한 놀라움에 빠뜨릴 힘을 갖고 있다. 왜냐하면 그것은 생각과 행동의 공통된 규칙들을 유보시키기 때문이다. 그렇기 때문에 부인은 마치 구급차 요원이 흰 시트를 덮어 부상자의 상처를 감추거나 죽은 이의 열린 입을 덮는 것처럼 잘 아는 것의 획일성으로 낯선 것의 뚫린 구멍을 메워주는 모든 설명을 기꺼운 마음으로 받아들인 것이다.

낯선 것의 힘과 위험에 맞서 자신을 보호하기 위해서는 그것을 동일시해야 한다. 동일시란 새로운 사물에서 아는 사물과 유사한 특징들을 알아보는 것이다. 그 사물들이 비슷하다는 판단을 하게 해주는 특징들

---

25 로베르트 무질, 『특성 없는 남자』 제1권, 파리, 르 쇠이유, 1995년, pp.13-14.

을 말이다. 산속에서 다가오는 모호한 실루엣을 마주 대하고 느끼는 불안으로부터 스스로를 보호하기 위해서 우리는 재빨리 알고 있는 형태들을 면밀히 떠올리며 그 형태와 맞는 게 있는지 살핀다. 만약 그것이 소의 실루엣이라면 한결 낫겠지만 곰의 실루엣이라면 숨어야만 한다. 하지만 그 어떤 경우라도 다가오고 있는 것이 무엇인지 알지 못하는 것보다는 낫다. 동일시란 이미 형성된 지식의 적용이다. 그것이 겨냥하는 것은 새로운 것을 아는 게 아니라 옛 지식의 형태들 속에서 새로운 것을 알아보는 데 있다. 동일시는 낯선 것과 과감히 맞서는 것이 아니라 심지어 낯선 것을 만나지조차 않는다. 옆을 지나치거나 아래로 지나간다. 동일시의 눈길은 오직 "그래, ㄱ거야" 또는 "이냐, 그긴 아니야"라고 말할 수 있게 해주는 단서들만 찾는다. 그 눈길은 놀라움을 초래해서 당신의 입을 헤벌어지게 만들 만한 것은 보지 않는다. 지각된 요소들은 이미 존재하는 범주들에 들어가도록 분류되고 단순화된다. 동일시는 "동일한 것"을 "다른 것"의 형태들 속에 재현해내는, 맹목적이고 비생산적인 복제다. 반대로, 지식을 생산한다는 것은 한 사물의 특수성을 고려해서 범주들을 창조해내는 데 있다. "정보자료에서 이론으로 넘어가려면 상상력을 발휘하는 창조적 작업이 필요하다. 가설들과 과학적 이론들은 관찰된 사실들의 '부산물'이 아니라 설명을 하기 위해 '발명된' 것이다."[26] 서둘러 낯선 것의 구멍을 메우는 것이 관건이 아니라 그 구멍의 깊이를 탐험하는 것이다. 물론, 그러기 위해서 사람들은 이미 존재하는 수단들을 사용하지만 사물의 특수성을 고려하기 위해 특

---

26 칼 헴펠, 『인식론의 요소들』, 파리, 아르망 콜렝(인식론), 1972년, pp.22-23.

별한 방식으로 이용한다. 낯선 것은 이미 아는 것을 독특한 방식으로 종합함으로써 지각되고 재현될 수 있다.

리얼리티 스펙터클은 연출된 현실에 패러디풍의 유형론을 적용함으로써 낯선 것을 상식으로 환원한다. 상식은 "하나의 기관이요, 기능이요, 동일시 능력이다. 그것은 '같은 것'의 형태에 약간의 다양성을 가져다준다. 상식은 동일시하고 알아본다. 양식이 예견하듯이."[27] 리얼리티 스펙터클은 이미 알려진 유형들 가운데 스스로를 알아본 인물들 속에서 우리가 자신을 알아보는 현실로부터 낯선 것을 뿌리째 뽑아낸다. 동시에, 리얼리티 스펙터클은 지식을 산출하며, 보여주는 것의 진실을 밝힌다고 주장한다. 그것은 엉뚱한 상황의 해석을 부추기면서 환상을 창조한다. 그리고 궁금증을 유발하는 현실을 보여줌으로써 TV 시청자의 호기심을 일깨운다. 인식작업의 나태함과 두려움에 토대를 두고 상황에 의해 제기된 문제의 해결책으로 쉽사리 통하는, 흥미롭고 마음 놓이는 유형론을 제시한다. 이는 문제가 해결책에 맞춰 포맷되고, 해결책은 문제에 맞춰 포맷된 만큼 쉬운 일이다. 마치 동물원 방문과 마찬가지다. 우리는 맹수를 보러 간다. 다시 말해 전시된 개체들이 우리가 맹수에 대해 품고 있는 생각과 같다는 것을 확인하러 가는 것이다. 그런데 그 생각은 대부분 맹수에 대한 실제적 연출을 주재하는 틀에 박힌 고정관념에서 비롯된 것이다. 그리고 그 고정관념은 우리가 맹수들에 관해 펼치는 교육적이자 흥미로운 담론에 다시 담긴다. 따라서 다음과 같은 등식이 성립된다. 맹수에 대한 생각 = 전시된 맹수 = 맹수에 관한 담론.

---

27 질 들뢰즈, 앞의 책, p.96.

하지만 호랑이가 무엇인지 제대로 알려고 들자면 자신의 목숨을 위태롭게 내걸어야 한다. 특이한 에토스들을 볼 수 있는 것이 TV에서가 아니듯이 호랑이가 무엇인지 알 수 있는 것도 동물원에서가 아니기 때문이다. 리얼리티 스펙터클은 어떤 지식도 산출해내지 못하며, 다만 상식의 표준화된 지식을 확인하고 인정하고 정당화할 뿐이다. 모든 이질성을 "동질"의 얼굴들 속에서 알아보는 것이다.

하지만 예견하고 동일시하는 것만으로는 충분하지 않다. 우리는 언제, 무엇 때문에, 무언가가 나타났는지 말할 수 있다. 나타나는 것이 나타났던 것과 동일하다는 것도 말할 수 있다. 그렇다고 하더라도 앞에 모습을 나타내는 무언가는 있으니 그것의 "무겁고 두려운 물질성을 피해야" 한다. 담론과 행동은 그것이 예기되고 식별된 것일지라도 여전히 위험하다. 예견되고 동일시된 담론은 낯선 원천으로부터 남은 것으로, 제 음색과 높이와 볼륨을 소유하고 있으며, 고막에 상처를 입히거나 몸 전체를 울리게 할 수도 있다. 나는 하나의 행동을 예측하고 그것이 의미하는 바를 알 수는 있지만 그래도 그 행동은 외부에 남아 있다. 그것은 제 고유의 속도와 여정과 구성성분을 간직하고 있으며, 나와 양립 불가능한 것으로 밝혀질 수도 있다. 달리 말해, 하나의 에토스를 양식 속에 집어넣을 수 있고, 그것을 상식과 동일시할 수도 있지만, 그럼에도 그것은 다른 것으로 남는다. 그것은 그것을 예견하고 동일시한 것과 동일한 것이 아니다. 그것은 하나의 분신이요, 그것과 대면하고 거울 속 이미지처럼 그것을 관찰하는 "동질"의 얼굴이다. 하지만 그 이미지는 독립된 하나의 몸인 것이다. 그것은 닮았기 때문에 더더욱 불안한 쌍둥이다. 불안한 까닭은 누가 누구를 지배하는지 더 이상 알 수 없기 때문이다. "동질"은 이질성을 병합했다고 생각하지만 어쩌면 이 다른 것이 제 이미지에 따라 '동질'을 만든 건 아닐까 하는 생각이 들 때 그 무엇도 그것을 보호해주지 못한다. 이것은 동물원 관람객이 느끼는 불안의 근원이다. 우리 속의 동물은 스펙터클 현실에 대한 관람객의 통제와 닮은 기술을 통해 제어된다. 우리는 더 이상 누가 누구를 보고 있으며, 누가 타인의 몸짓을 재현하고 있는지 알지 못하기에 결국에 가서는 누가 우리 속에 있는지를 안다는 사실마저 의심하게 된다. 그렇기 때문에 "다른 것"의 위협적인 물질성을 해체해야 하는 것이다. 그것을 동화하고 병합하여 더 이상 구체적인 외재성이 없게 해야 하는 것이다. 하나의 에토스를 길들인다는 것은 반드시 물질적 이질성을 소화하는 과정을 거쳐야만 한다.

낯선 몸을 소화하려면 먼저 그것을 삼켜야만 한다. "동질"의 물질이 이질성을 감싸야만 한다. 이것은 위험한 단계다. 만약 다른 것이 소화되지 않으면 우리는 질식하게 되어 그것을 다시 뱉거나 억지로 삼켜야만 하기 때문이다. 낯선 물질은 위 속에서 그것을 영양가 있으면서 무용한 여러 요소로 해체하는 산의 공격을 받는다. 장은 적합한 요소들의 동화를 허용하여, 그 요소들이 "동질"의 일부분이 되게 한다. 그리고 잉여물의 분화되지 않은 덩어리는 밖으로 몰아낸다. 하나의 에토스를 소화하고 나면 "동질"의 굴절처럼 사용되는 유형 특성들이나, 혹은 모든 특성을 잃은 획일적인 찌꺼기만 남는다. 세인트루이스의 만국박람회와 그 후 뉴욕 동물원에 전시된 피그미족 오타 벵가는 소화된 느낌을 준다. 그는 서양의 행태학적 질서유지에 없어서는 안 될 식인풍습을 알게 되었다. "무중구*"의 나라에서는 남자들과 여자들을 데려와 가구처럼 나

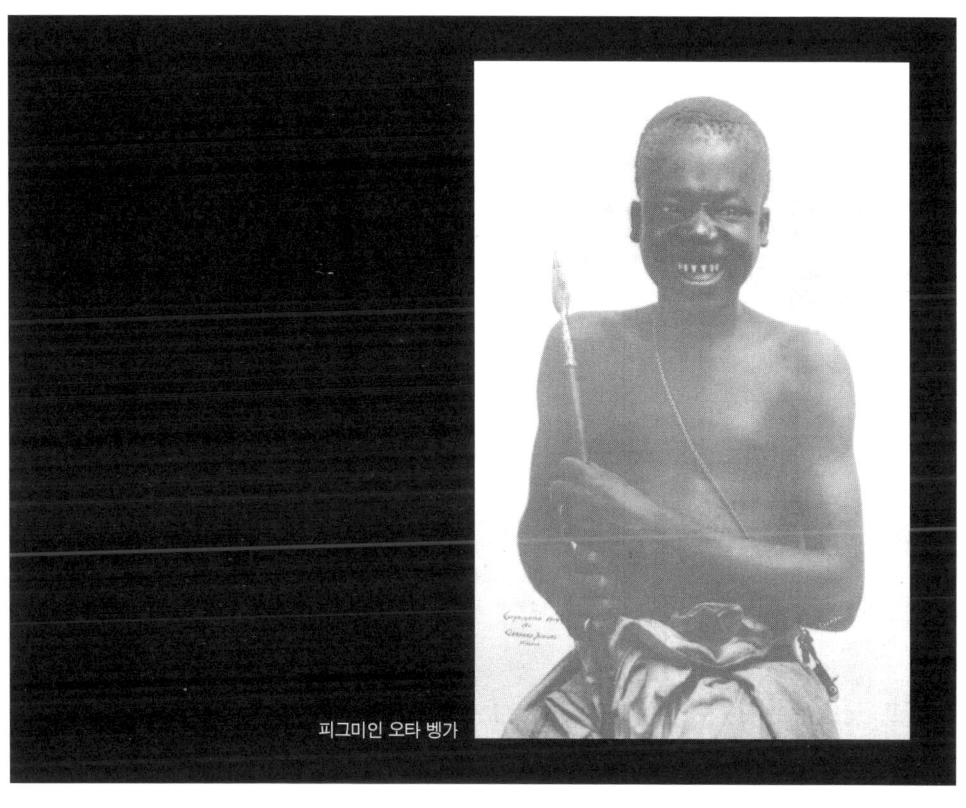

"세인트루이스 전시회의 스타였던 피그미인 오타 벵가는 미국에서
농부로 살려고 시도하다가 고향땅으로 돌아가는 게 불가능하다는
걸 깨닫고는 심장에 총을 쏘아 자살했다."

새뮤얼 P. 버너 목사의 손에 이끌려 미국으로 건너온 오타 벵가가 1904년 세인트루이스의 만국박람회에
전시되었을 때 나이는 스물여섯이었다. 그는 1916년에 버지니아 주 린치버그에서 죽었다.

란히 줄을 세웠다. 무중구들은 식인종이었던가? 어떤 의미에서는 그렇다. 그들은 다른 부족 사람들을 집어삼켰으니까."[28] 리얼리티 TV 방송에서 소화작용은 표본을 공개적이고 집단적인 상황 속에 집어넣는 것에서부터 시작된다. 표본은 모두가 만들고 모두를 위한 공연의 중심에 있다. 그는 자리한 관중과 집단을 구현하는 카메라들에 둘러싸여 있다. 관중의 관심이 그를 삼킬 수 있도록 스펙터클 상황이 그를 씹어서 그의 특수성들을 뭉갠다. 그러고 나면 덩어리가 된 표본은 유형화하는 전문가의 작업에 의해 해체된다. 그의 요소들은 그 쓰임새와 모범성과 매력에 따라 분류된다. 마지막으로, "동질"은 모방작용에 힘입어 틀에 박힌 행태학적 특성들을 섭취한다. 몸과 자세와 담론 조각들이 전체 덩어리 속으로 주입된다. 찌꺼기는 배출되고 공연에서 사라진다. 결국 전시된 개인의 개별적 존재는 공통된 것의 편차 속에, 전체의 한 예로서, 비슷한 것의 한 부분으로 동화된다.

리얼리티 스펙터클은 차이를 존중하는 가운데 사회적 관계를 창출한다고 주장한다. 이는 이중으로 거짓된 말이다. "들라뤼*"는 다른 어느 곳에서도 볼 수 없는 사람들을 만나게 해준다. 특이한 사람들, 장애인들, 알코올중독자들, 강박증 환자들, 먹으면 토하는 거식증 환자들, 식욕부진 환자들…… 이 '의식 집행자'가 지닌 장점은 이 사람들을 당신이나 나와 같은 사람으로 만드는 데 있다. 그렇게 해서 그들은 가족의 일원이 된다. 이 익살광대는 태연스레 그들을 동화시키는 일을 하고 있지

---

* 옮긴이 | mouzoungous, 스와힐리어로 백인을 뜻하는 말.
28 필립스 버너 브래드퍼드 · 하비 블럼, 앞의 책, p.163.
* 옮긴이 | 장-뤽 들라뤼Jean-Luc Delarue, 〈토론합시다〉의 진행자.

않은가?"[29] 리얼리티 스펙터클은 서로 다른 사람들 사이의 관계를 만들어내지 않는다. 특이한 개인들을 "모두와 같은 사람들"로 변화시킬 뿐이다. 그것은 서로 구별되는 사람들을 원기를 북돋아주는 하나의 불 가까이로 끌어 모아 하나의 가정 중심으로 융화시키는 가족적 관계를 창출한다. 그것은 분명히 동화작업을 하지만, 주체들을 전체의 구성요소로 통합함으로써, 사회의 구성원들 간에 긴밀한 상호의존관계를 만듦으로써, 효율적이고 조화로운 사회적 기능을 위해 요소들 간의 최상의 협력을 촉진함으로써 동화시키는 것이다. 병합은 예견되고 식별되고 소화된 현실과 동일시됨으로써 이루어진다. 사람들은 언제나 나에 대해 말하는데, 나는 타인들이요, 타인들은 곧 나다, 상호의존관계는 지적으로나 정서적으로 인정을 받을 필요성이 증가되는 데서 비롯된다. 합의된 협력은 사회적 문제들에 대한 최상의 해결책으로 제시된다. 분쟁을 불러일으키고 비효율적인 정치적 결정보다 나은 해결책으로 말이다. 더욱이, 리얼리티 스펙터클의 소화는 특별히 효율적이다. 왜냐하면 그것이 표본들을 동화작업에 끌어들이기 때문이다. 스펙터클은 동화 욕망을 불러일으킨다. 반면 사실성은 그것의 필요성을 보여준다. 모방 고리의 폐쇄성은 표준화된 행태학적 특성들을 반추해보게 한다. 소화된 다양성은 모방 통로 속을 유통하며 어떤 새로운 출자도 다양성에 동화되지 않고서는 그곳에 들어오지 못한다. 리얼리티 스펙터클과 스펙터클의 리얼리티는 잡다하지만 하나뿐이며 동일한 덩어리를 혼합해낼 뿐인 것으로 보인다.

---

29 카트린 엉블로, 「〈토론합시다〉는 쇼인가 토크쇼인가?」, 《르 몽드》, 1999년 4월 26일.

스펙터클은 담론과 행동으로 이루어진 "불확실한 사건"을 제어한다. 왜냐하면 그것이 즉흥적이라고 주장하는 사실들의 가능성을 조정하기 때문이다. 그것은 낯선 것을 설명한다고 주장하면서 낯선 것을 이미 알고 있는 것으로 환원함으로써 삶에서 "힘과 위험들"을 내몬다. 마지막으로, 그것은 모든 진짜 이질성을 선험적으로 소화하는 사회적 관계를 칭송하며 "다른 것"을 "같은 것"으로 동화시킴으로써 그것의 "무겁고 두려운 물질성"을 회피한다. 그것은 우연 없고, 구멍 없고, 바깥도 없는 스펙터클을 보여준다. 그러면서 그것이 뜻밖이며 놀랍고 독립된 현실이라고 주장한다. 그것은 모든 가능성의 근간이 되는 가능성, 깜짝 놀랄 사건에 의해 무無 속에 흡수되어버릴 가능성을 축출한 현실을 장려한다. 알지 못하고 동화될 수 없는 사건인 죽음과 그에 대한 표현은 모든 행태학적 길들이기의 절대적인 적이 된다. 스펙터클은 길들여진 현실을 옹호하고 그에 대한 욕망을 창출한다. 그것은 제어된 세상의 조작과 관계된 작은 기쁨들을 불러일으킨다. 또한 그 안락함의 사라짐과 관계된 작은 두려움들도 초래한다. 사회적 구분 체계를 위한 투쟁에서 리얼리티 스펙터클이 갖는 힘은 대중적인 에토스들의 자유로운 표현을 가능케 한다는 주장, 믿기 힘들지만 어쨌건 받아들여지는 그 주장에 있다. 그것은 독단주의와 폭력이라는 대가를 치르지 않고서 행동과 견해들에 관한 표준화된 체계를 강화한다. 그것이 그 체계를 자연스럽고 마음 놓이는 기분 좋은 질서로 제시하기 때문이다. "가장 진보된 현대 민주주의 사회에서는 일상적인 규칙 속에 예외상태를 포함시키고, 불규칙한 것들을 규칙적인 것들과 양립할 수 있게 만들고, 일탈을 표준 속에 병합시키며, 특이한 것을 절대적 질서의 얼굴로 길들이는 능력이 크게 나타난다."[30] 그런데 생활방식에 대한 스펙터클하면서 현실적인 제어 장치들을 마주 대하면 우리는 어떻게 개인이 전시에 길들여지지 않고서 스스로를 전시하거나 전시될 수 있을까 하는 의문을 갖게 된다. 특이한 에토스들의 전시는 어떤 형태를 취할 수 있을까? 전시의 윤리적 준거는 어떻게 표현될까?

[30] 알랭 브로사르, 『적의 몸, 과도폭력과 민주주의』, 파리, 라 파브리크, 1998년, p.193.

제3부 야생상태로 돌아가기

"살다 보면 우리가 생각하는 것과 다르게 생각할 수 있는지, 우리가 보는 것과 다르게 지각할 수 있는지를 아는 것이 계속해서 보거나 생각하기 위해 반드시 필요한 순간들이 있다. 만약 그것이 아는 자의 방황이 아니라 지식의 습득만을 보장한다면 악착스럽게 알려고 드는 것이 무슨 소용 있을까? 오늘날 철학이란 무엇인가? 생각 자체에 대한 비판 작업이 아니라면 말이다. 우리가 이미 알고 있는 것을 정당화하기보다는 어떻게 다르게 생각할 수 있으며, 어디까지 그것이 가능한지를 알려고 시도하는 것이 철학이 아니겠는가?"

—미셸 푸코, 『쾌락의 활용』

윤리적 추구

자기 염려로서의 윤리

여기서 문제 삼는 윤리란 도덕이나 도덕적 원칙에 대한 탐구와는 구분되어야 한다. 도덕은 주어진 시대에 어떤 인간 공동체에서 받아들여진 행동규칙들의 집합이다. 그 규칙들의 유효성이 조건에 좌우되지 않을 때 우리는 도덕이라 말한다. 그것은 또한 윤리와 특히 칸트식 윤리와 구분되어야만 한다. 칸트식 윤리란 선과 악에 대한 판단의 가능한 조건들에 관한 탐구다. 여기서 말하려는 윤리는 자기 행동의 지휘술을 가리키게 될 것이다. 그것은 기원전 5세기 그리스와 로마 제국에서 생겨나 발전해온 것이다. 그것은 특히 세 철학 학파로 대표된다. 스토아학파, 에피쿠로스학파, 견유학파. 소크라테스는 이 학파들의 창시자이자 상징적 인물이다. 윤리는 자기 자신을 살피라는 소크라테스의 명령 속에, 또한 절제와 단호함과 죽음 앞에서까지 자기 철학을 실천하는 그의 용기 속에 뿌리를 내리고 있다.

　첫 번째 윤리적 명령은 자신을 알기 위해 끈기 있게 노력하라는 것이다. 그것은 델프 신전 돌에 새겨진 저 유명한 "너 자신을 알라"까지 거슬러 올라가는 것이다. 자신에 대한 윤리적 앎의 목표는 지식이 아니라 에토스다. 부畜처럼 우리가 소유하는 지식을 축적하는 것이 아니라 지식을 통해 스스로를 변화시키는 것, 자신에 대한 부단한 성찰을 통해 자신을 변모시키는 것이다. 이는 자신을 지식의 대상으로 삼는 것도, 자기 영혼의 본질을 결정하기 위해 탐색하는 것도, 그 존재 이론을 세우는 것도 아니다. 윤리란 자신의 행동에 대한 지휘술이요, 윤리가 끌어내는 지식은 실용적 지식이다. 혼자 고립된 것이 아니라면 개인은 자신이 세상과 더불어 맺는 개별적 관계들을 규정해야만 한다. 그를 위한 각 사물의 가치와 그가 사물 한가운데 차지하는 자리를 앎으로써만 이성적일 수 있는 방법을 획득할 수 있다. 그가 무엇보다 결정해야 하는 것은 자신의 소관인 것과 자신의 소관이 아닌 것이다. 자신의 능력을 넘어서는 것에 영향을 미치려고 집착하는 게 무슨 소용이 있겠는가? 자신에게 달린 것은 사람들이 자신의 표현에 대해 내리는 판단이다. 한편으로 우리는 각 지각과 개념과 머릿속에 떠오르는 생각을 시험할 수 있다. 다른 한편, 일어나는 일이 좋은 일인지 나쁜 일인지 혼자 결정할 수 있다. 자신에 대한 윤리적 앎이란 표현 내용에 대한 꾸준하고 비판적인 분석이다. 시험은 각 사물이 우리에게 무엇인지, 어떨 때 우리가 그것을 필요로 하며, 어떨 때 그것이 유용할 수 있는지를 결정하게 해준다. 이어서 이득이 되는 것을 선택하고 해로운 것을 거부하는 것은 우리의 의지에 달린 일이다. 욕망은 다음과 같다. "욕망 가운데는 자연스러우면서 꼭 필요한 것들이 있고, 자연스러우나 꼭 필요치 않으며 헛된 생각의 산물인 것도 있다."[1] 표현이 이성의 체를 한번 거치고 나면 자연스럽고 꼭 필요하다고 판단되는 욕망만이 자신에게 좋고 유용하다고 생각하는 것은 각자의 역량에 달린 일이다. 이와 마찬가지로 이 고대 윤리에 따르자면, 죽음에 대한 생각을 시험할 때 그것의 공허함이 드러난다. 그렇기 때문에 아첨은 자신에 대한 윤리적 앎의 적敵인 것이다. 아첨하는 사람은 아첨받는 사람에게 가짜 이미지를 보낸다. 그가 실제보다 더 힘 있고, 더 아는 것이 많으며, 더 잘 생겼다고 믿게 한다. 그럼으로써 그가 자신에 대한 바른 표상을 갖는 걸 막으며, 그의 역량을 벗어나는 낯선 말에다 그를 묶는다.

그러나 윤리적 태도는 표상 작업보다 훨씬 많은 것을 요구한다. 이 작업은 불충분하다. 왜냐하면 몸과 정신이 적절하지 않고 비합리적인 생각과 행동들의 반복을 통해 지속적으로 영향받기 때문이다. "그렇기 때문에 철학자들은 배우는 것에 만족할 것이 아니라 성찰과 실천을 더 해야 한다고 권고한다. 시간이 흐르면서 우리는 받은 교육과 반대되는 방식으로 행동하는 습관을 갖게 되는데, 이는 우리에게 친숙한 생각들이 대개 바른 생각과 반대되는 것들이기 때문이다."[2] 자신에 대한 앎은 자신의 성격 속에 행동 원칙을 구현하게 해주는 자기 실천 요소들을 제공해준다. 죽음은 아무것도 아니라거나 혹은 죽음이 악이 아니라고 이따금 생각하는 것으로는 불충분하다. 그렇다고 해서 우리가 죽음과 맞닥뜨렸을 때 두려움에 사로잡히지 않는 것은 아닐 것이다. 그러한 생각

---

1 에피쿠로스, 『학설과 격언』, 파리, 에르만(정신과 손), 1965년, p.114.
2 에픽테토스, 『대담』 제1권에서 제4권, 파리, 갈리마르(텔 총서), 1993년, p.122.

의 진리가 에토스 속에 깊이 스며들어야 하고, 그것이 제2의 천성이 되어야만 한다. "'죽음을 연습하라'는 말을 한 사람은 자유를 연습하라고 처방을 내린 것이다. 죽는 법을 배운 사람은 노예가 되는 걸 잊은 셈이다. 그는 모든 권력 위에 있거나, 적어도 권력의 밖에 있다."[3] 윤리는 나쁜 습관들로 인해 체득된 잘못들을 진리가 대체할 수 있도록 진리를 부단히 실천함으로써 얻어진다. 자신에 대한 앎을 통해 얻어진 진리들을 실천하는 일은 또한 신체의 단련이기도 해야 한다. 스토아학파들이나 견유학파들의 경우, 원칙이 그저 하나의 경건한 바람이 아니라는 것을 확신하려면, 우리가 실제로 자신이 아닌 다른 것에 달려 있지 않다는 걸 확신하려면 금식하고 욕망을 억제하거나 엄격하게 생활하는 데 습관이 들어야 한다.

고대 윤리는 자신에 대한 자신의 이론적 및 실천적 작업이다. 그것은 개인 스스로가 자신을 만들어가는 작업이며, 자신에 대한 집중을 통한 자기주체화 작업이다. 또한 그것은 자신에 대한 염려로, 그 목표가 스스로 자신을 이성적으로 인도하는 것이다. "더 이상 멀어지지 말라. 목표를 이루도록 서둘러라. 헛된 희망을 거부하고 스스로를 도우라. 너 자신에 대해 어느 정도 염려를 하고 있다면 아직 그럴 수 있으니."[4]

---

3 세네카, 『루킬리우스에게 보낸 편지(1-29)』, 파리, GF-플리마리옹, 1992년, p.152.
4 마르쿠스 아우렐리우스, 『나를 위한 명상』, 파리, GF-플라마리옹, 1964년, p.54.

윤리적 추구 : 야생상태로 돌아가기[5]

　습관적 삶은 사물과 표상과 정서로 가득하며, 그것들이 삶을 채우고 삶에 뿌리를 내리고 있다. 개인은 너무도 많은 사물들에 둘러싸여 있어 더 이상 그 사물들을 보지 못한다. 또한 너무도 많은 소리를 듣는 바람에 귀머거리가 되어버렸으며, 너무도 활발히 움직이다 보니 지쳐버렸다. 그는 너무도 많은 것을 알아 더 이상 찾지 않는다. 자신을 돌본다는 것은 무엇보다 시야를 확보하고, 침묵하고, 휴식하고, 모든 걸 의심하는 것이다. 그것은 비우는 일이다. 적어도 삶이라는 손수레에 빈 공간을 만드는 것이다. 그 칸들을 움직일 수 있도록 말이다. 이는 자신을 잊고 타인과 신에게 자신을 열게 해주는 절제와 고행을 뜻하는 기독교적 의미의 금욕이 결코 아니다. 자신을 버리기 위해 모든 것을 버려야 하는 것이 아니라 일상적 현실이라는 천에 구멍을 뚫어 우리가 될 수 있는 모습을, 혹은 단순히 다르게 될 수 있다는 사실을 지각하는 것이다. 이는 새로운 삶으로 다시 태어나기 위해서 우리 과거의 모습과 단절하는 것이 아니라 지금 이 순간과 접촉하기 위해 자신이 아닌 것에서 멀어지는 것이다. 윤리란 우리가 너무도 깊이 연루되어 있어서 마치 그물에 걸린 것처럼 돌돌 말려 있는 생활방식으로부터 빠져나오는 움직임이다. 우리가 꼼짝 않고 있다면 속박은 느껴지지 않는다. 우리가 움직이고 자리를 옮기고 싶어 하는 순간, 그물은 잘라야만 할 굴레로 변한다.

---

[5] 이어지는 내용에서는 소크라테스 이후의 세 가지 큰 학파들을 역사적으로 묘사하려는 것이 아니다. 또한 그 학파들의 개념들을 종합해서 제시하려는 것도 아니다. 속박의 제거와 관계된 윤리적 개념들을 끌어내어 자유롭게 이용하려는 것이다. 다시 말해 원칙적으로 그리스 견유학파와 로마 스토아학파에 토대를 두고서 과정으로서의 윤리만 고려하려는 것이다.

청소년기가 끝날 무렵 개인은 외부로부터 오는 표상들로 가득 채워진다. 그는 가족으로부터, 가까운 지인으로부터, 학교와 책에서, 스펙터클과 거리에서, 요컨대 사회로부터 그 표상들을 습득한다. 어린아이였을 때는 수동적으로 표상들을 흡수하여, 그것들이 그의 생각과 행동을 인도하고, 가치와 습관으로 고착화된다. 그는 여론과 관습으로부터, 집단의 판단과 습관으로부터 직접적으로 영향받은 그것을 기반 삼아 생각하고 행동한다. 그의 개인적 에토스는 공통 에토스의 개별적 복사판이다. 그렇다면 자신을 돌본다는 것은 집단적 요소들이 자신의 인성에 뿌리 내리는 것을 돕는 일에 불과하다. 속박 속에서 스스로를 개선하는 일에 불과하다. 자신을 돌보기 위해서는 무엇보다 공통된 여론에 젖은 사회적 자아로부터 벗어나야만 한다. 이는 우리의 견해와 습관이 우리에게 실제로 좋은 것인지를 결정하기 위해 거쳐야 할 필수적인 단계다. "이것이 철학의 출발점이다. (…) 단순한 견해를 규탄하고 자신에 대해 경계심을 갖고, 그 견해를 갖는 게 옳은지 결정하기 위해 그것을 비판하고, 우리가 곧은 것과 뒤틀린 것을 구분하기 위해 직선을 만들어냈듯이 표준을 고안해내는 것이다."[6]

이 관점에서 볼 때 여론과 관습은 그것이 거짓된 것이거나 불확실해서 나쁜 것이 아니라, 무엇보다 부적절하기 때문에 나쁜 것이다. 그것들은 개인에게 낯설다. 바깥에서 바깥을 향해 개인을 규정한다. 한편, 그것은 삶에, 전통적이며 집단적인 습관과 표상의 형태와 내용에 대해 아무런 힘도 미치지 못한다. 그저 그것을 물려받고 감내할 뿐이다. 다

---

6 에픽테토스, 앞의 책, p.128.

른 한편, 공통된 여론은 모두가 가치를 인정하는 목표들을 고정한다. 부, 권력, 명예. 그리고 관습은 그 목표에 도달하기 위한 공통된 방법들을 결정한다. 축적, 경쟁, 허영심 등을 말이다. 여론과 관습은 공적이자 사적인 성공의 표준 형태를 결정한다. 개인은 자신에게 속하지 않는 것을 자신의 것이 아닌 방식을 통해 원하도록 부추김받는다. 그는 대중이 좋은 길을 통해서만 도달할 수 있는 것을 갈망한다. 한마디로 말해, 여론과 관습은 우리에게 달린 것이 아니라, 우리의 소관이 아닌 것을 원하도록 부추긴다. 그것들은 스스로 살며 자신을 만들어가는 본성에 낯선 질서를 강요한다. 첫째로, 윤리적 해결책은 자신에게로 되돌아가는 것, 자기 고유의 본질, 자기 고유의 방법, 자기 고유의 목적이 되도록 자신을 돌아보는 것이다. 이렇게 자기 자신에게 돌아간다는 것은 순수하고 진정한 본성으로 돌아가는 것이 아니라, 스스로 자신을 조직하는 불확정의 힘으로 돌아가는 것을 의미한다. 윤리적 개인은 눈을 외부로부터 돌려 자기 자신에 집중한다. 그는 자신에게 적합한 것을 판단하기 위해 이성을 사용하고, 그것을 습관으로 고정하기 위해 몸을 이용한다. 결국 그가 절대 벗어나지 말아야 할 목표는 부나 명예도 아니요, 지식이나 재산도 아니요, 그저 자기 자신이다. 자기 자신에게 돌아가기 위해 여론과 관습을 벗어버린다는 것은 사는 데 더 이상 자기 자신이 아닌 다른 것이 필요 없다는 얘기다. 이는 자기 자신만으로 충분하다는 뜻이요, 독자적이자 나아가 자족하게 된다는 뜻이다. "오직 그대에게 미치는 것만, 그리고 그대 삶의 골조를 이루는 것만 사랑하라. 사실 그대에게 그보다 더 적합한 것이 아무것도 없지 않은가?"[7] 둘째로, "자신의 활동과 휴식을 자기 고유의 체질에 맞추어야 한다. (더 나아가) 각 행동에 따라야 하는 배려에는 그 고유의 평가와 균형이 있어야 한다."[8] 달리 말하자면, 윤리는 내재성의 원칙이다. 그것은 자기 자신, 자신의 성향뿐만 아니라, 각 개별 행동의 고유 가치에 대한 염려다. 내재적 평가는 판단하는 것에 외적 준거들을 사용하지 않는다. 일반적으로 우리는 무언가를 평가할 때 그것을 다른 것과, 사물이나 표준이나 모델과 비교한다. 한 학생의 발전은 도달해야 할 표준 수준과 비교하거나 혹은 자기 자신의 기준에 따라 평가될 수 있다. 자신의 내적 보고는 자기평가다. 하지만 만약 "내"가 하나의 행위에 가치를 부여한다면 그것은 내적 평가가 아니다. 왜냐하면 내가 그 행위를 그것이 아닌 것에, 다시 말해 내가 "나"라고 부르는 전체로 귀착시키기 때문이다. 그것은 하나의 행위에 고유의 평가를 부여하는 것도 아니요, 어떤 특별한 상황 속에서 그 행위에 대한 고유한 평가를 찾는 것도 아니다.

　도시라는 무대장치, 교육이라는 조련, 사회적 역할은 개인을 길들인다. 그것들은 개인을 정주하게 만들고, 고분고분하고 유용하게 만듦으로써 구속한다. 윤리적 추구는 자기 고유의 삶의 원칙들을 발견하고 적용하는 개별적인 본성을 형성하도록 자신을 사회(여론과 관습)로부터 뽑아내는 격렬한 움직임이다. 그것은 본성으로 돌아가는 것이요, 자율적이면서 내재적인, 다시 말해 야성적인 자기 고유의 천성으로 돌아가는 것이다. 견유철학자는 이 논리를 더 멀리까지 밀고 간다. 아니 오히려 다른 철학자들보다, 이를테면 스토아학파보다 앞서 멈춰 선다. 견유철학자는 사회를 뿌리부터 비판하고 나서 사회로 돌아오지 않는다. 그

---

7 마르쿠스 아우렐리우스, 앞의 책, p.109.
8 앞의 책, p.65, 88.

는 사회로부터 뿌리 뽑힌 상태를 유지하게 해주는 다른 삶의 방식에 정착한다. 가족을 떠나고, 재산을 줘버리고, 직업과 맡은 책임과 시민권을 포기한다. 그리고는 떠돌이 걸인처럼 살기 위해 지팡이와 두텁게 누빈 겉옷과 배낭을 들고 떠난다. 그는 거의, 혹은 전혀 씻지 않는다. 샘물이나 빗물을 마신다. 주운 것이나 사람들로부터 얻은 것을 먹는다. 그는 일을 하지 않는다. 사회 주변부에 살면서 도시 중심에 있다. 그의 삶은 평범한 사람들을 불안하게 만드는 다른 삶의 영원한 본보기다. 디오게네스는 노예가 되었고, 친구들은 그를 사고 싶어 했다. 그는 "그들을 바보 취급하며 이렇게 말했다. 사자는 먹이를 주는 사람들의 노예가 아니다. 먹이를 주는 사람들이 사자의 노예다. 노예는 두려워하지만 야생짐승은 두렵게 한다!"[9] 견유철학자의 생활방식은 보통의 시민을 불안하게 만든다. 그의 생활방식이 그들의 사는 방식을 문제 삼기 때문이다. 사회적 속박 밖에서 사는 게 가능하다는 걸 보여줌으로써 견유철학자는 각자에게 자신의 삶이 어떠할 수 있는지의 문제를 제기한다. 그 어려운 삶의 방식을 견뎌내려면 견유철학자는 두 가지에 익숙해져야 한다. 먼저, 훈련을 통해 단련을 해야 하고, 허기와 갈증과 더위와 추위뿐만 아니라 구타와 조롱과 모욕에도 최대한 강인해지려고 애써야 한다. 그는 눈밭을 맨발로 걷고 단식하고 사람들을 자극한다. 이 일탈은 훈련덕에 반사적 행동이 되고, 모든 사물, 모든 표상, 모든 행동이 면밀히 검토되고 불필요한 것임이 드러나면 제거된다. 견유철학자의 첫 번째 성향은 자신에게 달려 있지 않은 것에 대한 저항이다. 그러고 나서 그는

<hr>

9 디오게네스 라에르티오스, 『이름난 철학자들의 삶, 교리, 문장들』 제2권, GF-파리, 플라마리옹, 1965년, p.34

반격에 맞서 자신을 보호하는 습관을 들인다. 공격을 받으면 그는 공격으로 맞선다. 그것은 하나의 교훈이 된다. 한 어설픈 사람이 들고 있던 들보로 디오게네스를 치고는 뒤늦게 친다는 소리를 했다. 그러자 디오게네스는 머리로 그를 들이박고 나서 그에게 말했다. "조심해요!" 조롱의 말에도 그는 공격보다 훨씬 날카롭고 신랄한 재치의 말로 응수했다. 누군가 그에게 욕설을 하자 그가 대답했다. "내가 당신에 대해 좋은 얘기를 하면 아무도 나를 믿지 않는 것처럼, 당신이 나에 대해 나쁜 소리를 해도 아무도 당신을 믿지 않을 거요."[10] 그는 권위에 맞서서도 무심한 태도를 보여 알렉산더 대제에게 그림자가 생기니 비켜달라고 요구했다. 철학적 논쟁에서는 역설적인 본보기를 내세웠다. 움직이는 게 불가능하다는 사실을 누군가가 그에게 설득시키려고 애쓰면 그는 일어서서 걸어 나갔다. 견유철학자의 두 번째 성향은 장작의 약점 속으로 파고드는 쐐기처럼 적을 쪼개는 반격이다. 견유철학자의 야생상태로 돌아가기는 몸짓과 목소리의 동물적 방식으로 이루어진다. 욕설은 마치 물어뜯듯이 내뱉어지고, 몸짓은 모욕처럼 행해진다. 욕설을 할 때 목소리는 짧고 강하며 격하여 거의 고함과 같다. 견유학파 스승들은 종종 제자들을 가르치기 위해 몽둥이의 도움을 구한다. 논쟁은 정화되고 하나의 몸짓이나 한마디 말로 집약된다. 연회 참석자들이 뼈다귀를 디오게네스에게 던지며 그를 "개자식!"이라고 불렀다. 그러자 그는 일어나서 개처럼 그들에게 오줌을 쌌다. 그가 대중 앞에서 진지한 말을 하기 시작했을 때 아무도 그의 말에 귀를 기울이지 않았다. 그러자 그는 휘

---

10 『그리스 견유철학자들 : 단상과 증언들』, 파리, 포켓북(철학의 고전), 1992년, p.88.

견유학파의 철학자 디오게네스

"연회 참석자들이 뼈다귀를 디오게네스에게 던지며 그를 "개자식!"이
라고 불렀다. 그러자 그는 일어나서 개처럼 그들에게 오줌을 쌌다."

파람을 불었고 모두가 다가왔다. 그는 말했다. 이것이야말로 그들이 중요한 주제에는 관심을 갖지 않고 쓸데없는 것에만 관심을 쏟는다는 증거라고. 마지막으로, 몸짓에 대한 평가는 모든 사회적 전제를, 특히 수치심과 예의범절을 배척한다. 디오게네스는 모든 걸 사람들이 보는 앞에서 하는 습관을 가졌다. 먹는 것이며 자위행위까지도. 행위가 그 자체로 나쁜 것이 아니라면 왜 그걸 감춰야 한단 말인가? 그는 모든 양식良識에 맞서 날고기를 먹는 것조차 시도했다. 하지만 그걸 소화해내지는 못했다고 전해진다. 견유주의란 동물적 방식의 행동으로 표현되는 야성적 성향들을 습득함으로써 반사회적 생활방식을 채택하는 것이다.

사실, 자연으로 돌아간다는 이 생각은 근본적으로 모호한 것이다. 견유철학자들조차도 인간은 사회적 동물이라고 말한다. 한순간도 그들은 동물처럼 산다고 주장하지 않는다. 견유철학자들이 얻고자 하는 자연은 결코 주어진 적이 없었다. 사회성을 벗는다는 것이 인간의 타고난 조건을 채택한다는 의미는 아니다. 그것은 오히려 쇄신하려는 냉소적인 도발로 이해되어야 한다. 자연은 여론과 관습에 맞선 비판적 도구다. 그것은 무엇보다 정화다. 동물과 야만인의 삶은 그 벌거벗음 속에서 온갖 사회적 군더더기를 드러낸다. 그들이 그렇게 살 수 있다면 우리라고 해서 그러지 못할 이유가 어디 있는가? 자연적 소박함에 비교해볼 때 사회적 삶은 인위적이며 과중한 짐을 짊어진 듯해 보인다. 반대로 자연은 광대한 가능성의 장場이기도 하다. 우리의 소관이 아닌 것을 제거하는 일은 길들여진 생활방식에 적용할 때만 적합한 규칙과 의무들을 없애는 것이다. 자연에 호소히는 일은 사회의 제약들에 가려졌던 잠재성들을 드러낸다. "동물과 야만인이 살아 있는 증인이 되는 어떤 행동들을 비난할 만한 것이 아니라 심지어 추천할 만하다고 여김으로써 (견유 철학자들은) 가능한 행동들을 확대하는 방식을 채택한다. 자연이 허용하고 확장하고 허락하는 것을 문화는 금지하고 제한하고 한정하기 때문이다."[11] 견유철학자는 자연을 사회와 비교하고서 사회의 여러 행동들에 의문을 갖고 새로운 행동들을 체험하기 위한 숱한 이유를 발견한다. 자연으로의 회귀는 이상적 모델을 조용히 채택하는 것이 아니라, 문화와 문명의 합법성을 뒤흔드는 야성적 생각과 몸짓들의 갑작스런 침입을 의미한다. 문제는 동물이 되는 것도 아니요, 사회적 질서에 잘 적응하는 것도 아니라, 그 가운데 머무는 것이다. 자연의 비판적 탁월함이 사회의 치안적 탁월함을 불안정하게 만드는 지점에 밀이나. 하나의 탁월함을 다른 탁월함에 맞세우는 냉소적 유희는 자율성과 내재성을 가능하게 해주는 조건인, 항시 의문을 갖는 태도와 엄격함을 요구한다. 그 냉소적 유희는 견유철학자를 표준화된 사회적 유희의 중심에서 벗어나게 한다. "디오게네스가 미쳤다고 누군가 말하자 디오게네스는 이렇게 응수했다. '나는 미치지 않았다. 다만 당신들과 같은 머리를 갖고 있지 않을 뿐이다!'"[12]

윤리는 처음 읽으면 언제나 무심함(초탈)과 동요의 부재(마음의 평정)와 평온의 탐구다. 하지만 이 탐구는 필연적으로 삶에 대한 재검토, 지난 견해들에 대한 비판, 옛 습관들의 개정을 통해 이루어진다. 목표는 평정이요, 수단은 이탈이다. 그 둘을 혼동할 수도, 결합할 수도 없다.

---

11 디디에 드뢸, 「배낭과 몽둥이」, 『그리스 견유철학자들 : 디오게네스와 크라테스의 편지』, 아를르, 악트 쉬드(철학서), 1998년, p.109.
12 『그리스 견유철학자들 : 단상과 증언들』, 앞의 책, p.88.

같은 생각의 차원에서 볼 때 철학은 어원학적으로 지혜에 대한 사랑이다. 사랑하는 여인을 잃은 연인의 욕망과 같다. 철학자는 지혜를 갖고 있지 않으며 현자가 아니다. 그는 지혜를 열망한다. 현자는 아무것도 열망하지 않는다. 그는 이미 가진 것이다. 지혜의 소유가 철학의 한계인 것처럼 윤리는 본질적으로 그것의 목표와 구분된다. 윤리는 평정의 추구이며 추구하는 목표와 혼동되어서는 안 된다. 윤리적 작업은 철학적 태도이지, 동요의 부재가 아니다. 세네카는 "도달한" 현자와 한창 길을 걷고 있는 현자 사이의 차이점을 상기시킨다. 그는 초탈을 무감각함이 아니라 굳건함처럼 이해하길 선호한다. 무감각한 사람은 행동하거나 생각할 필요가 없다. "그들과 우리 사이의 차이점은 우리의 현자가 온갖 종류의 불편함을 이기면서 승리를 느끼는 데 반해 그들의 현자는 그걸 느끼지 못한다는 점이다."[13]

그렇기 때문에 우리는 이탈의 작업을 그 목표인 영혼의 평화와 연결하지 않는 걸 더 선호할 수 있는 것이다. 이탈이 무언가 다른 것을 위한 하나의 수단일 뿐이라고 말한다면 그 수단을 미리 결정해둔 목표를 향해 이끌어야 할 것이다. 그 경우 이탈은 곧장 궁극적인 참여를 하기 위한 시작이어야 할 것이며, 그렇게 되면 자신에 대한 염려라는 내재성을 흐려놓을 것이다. 달리 말해, 윤리는 평정이 이상적 목표로서 존재는 하되 현실적 목표로는 부재하는 추구과정이요, 움직임이다. 추구과정으로서 윤리는 스스로 수단을 목적으로 삼는다. 다시 말해 윤리는 초월적 목표를 갖지 않은 수단인 것이다. 윤리적 추구에 이상적 목표가 스

---

13 세네카, 앞의 책, p.57.

며들게 되면 그 추구는 독특한 이탈에 낯선 관습과 개념들로부터 영향받은 삶의 규칙들을 강요하게 된다. 하지만 윤리가 그 자체의 모습으로 한정될 때 그것은 여론과 관습에 대한 비판적 프로그램을 제안하는 것으로 그친다. 그것은 우리가 어떠해야 하는지를 말하지 않으며 단지 우리가 어떤 모습이 될 수 있는지 찾도록 속박으로부터 어떻게 빠져나와야 하는지를 얘기한다. 그것은 도덕학교에서 순수한 해방과정으로 변한다. 윤리적 추구를 그 자체로 한정한다는 것은 추구를 그 목표로부터 떼어내는 셈이요, 낯선 목적으로 이탈을 처음부터 한정짓지 않으면서 이탈에 충실하는 것이다. 이탈의 유일한 실제적 목표는 이탈 그 자체다. 다시 말해 자기 구성의 자율성과 내재성이다. 한마디로 말해, 작동중인 보는 윤리는 지혜나 평정의 실천이 아니라 근심의 원동력이다. "자기 자신에 대한 염려는 일종의 가시와 같다. 사람들의 살 속에 박혀 있어, 그들의 삶 속에 박혀 있어 동요하게 만드는 원동력, 움직임의 원동력이요, 사는 동안 내내 걱정하게 만드는 원동력이다."[14]

순수한 추구로서 윤리는 현재 순간을 손에 넣는 것이다. 그것은 개인이 경험한 상황의 의미와 거기에 대답하는 좋은 방법들을 결정하는 상식과 양식으로부터 즉각 이탈하는 것이다. 윤리는 생각과 행동의 예속된 규칙들을 정지시키고, 개인으로 하여금 있는 그대로의 상황과 마주 대하게 한다. 이런 의미에서 윤리적 추구는 야생적이다. 그것은 매순간 독특한 구성과 상황에 고유한 평가와 행동을 창출해내도록 부추긴다. 하루는 누군가 디오게네스에게 사람들이 보는 앞에서 먹는다고 비난했

---

14 미셸 푸코, 『주체의 해석학 : 콜레주 드 프랑스 강의록 1981-1982』, 파리, 르 쇠이유/갈리마르(고등연구), 2001년, p.9.

다. 그러자 그가 대답했다. "어째서 그러시오? 사람들 앞에서 허기를 느꼈는데 말이오."[15] 이것은 독설을 뛰어넘어 윤리적 추구의 야성적 특성을 드러내주는 완벽한 일화다. 허기가 디오게네스에게 찾아왔고, 그는 그것을 지금 여기서 느낀다. 아마도 아무도 먹지 않는 시간에 아고라 광장에서 말이다. 장소와 시간의 부절절함은 사회적 규칙들에 길들여진 개인을 분노케 한다. 그는 이 위반행위를 단순히 사회적이자 상대적인 것으로 지각하는 것이 아니라 자연스럽고 절대적인 것으로 지각한다. 그만큼 그는 그 규칙들을 내면화했고 체득한 것이다. 사람들이 디오게네스를 개로 취급하는 건 그가 손으로 지저분하게 먹기 때문이 아니라 마치 사회적 규칙이 존재하지 않는 것처럼 먹기 때문이다. 그는 두 번째 천성이 되어버린 속박의 규칙들을 부인하기 때문에 인류라는 경계에서 쫓겨난 것이다. 윤리적 추구는 독립적이고 야성적이며 여유로운, 다시 말해 자유로운 생활방식을 끌어낸다. "철학을 해서 무엇을 얻었소?" 하고 누군가 디오게네스에게 물었다. "다른 건 모르겠지만 적어도 이것만큼은 얻었소. 어떤 돌발사태에라도 준비되어 있다는 것 말이오."[16]

---

15 『그리스 견유철학자들 : 단상과 증언들』, 앞의 책, p.90.
16 『그리스 견유철학자들 : 단상과 증언들』, 앞의 책, p.93.

전시의 윤리적 기준

　여기서는 미디어의 직업윤리를 제안하려는 것이 아니다. 직업윤리란 한 직업 영역의 기능을 개선하고 그 합법성을 강화하는 걸 목표로 삼는다. 직업윤리가 내부적인 것이라면 그것은 고용인들의 직업적 의무를 합리화하고 강화하려고 애쓴다. 만약 그것이 외부적 비판에 의해 야기된 것이라면 대개의 경우 근본적인 것을 영속하게 해주는 피상적인 조정이나 타협에 해당한다. 직업윤리는 질서를 바로잡거나 그렇지 못한 것을 용인할 만하게 만드는 데 쓰인다. 그렇다고 미디어에 도덕적 성찰을 끌어들이려는 것도 아니다. 그건 보수적이고 헛된 일이 될 것이다. TV와 인터넷은 상업적 영역으로, 거기엔 좋은 경영에 관한 규칙들만 있을 뿐이다. 그런데 리얼리티 스펙터클에 의해 제기된 문제는 직업윤리나 도덕적 문제가 아니라 엄밀하게 윤리적인 문제다. 리얼리티 스펙터클은 개인들을 전시하고 그것에서 즉흥성과 진실과 진정성을 보여준다고 주장한다. 그러면서도 그것은 마음을 놓이게 하고 이해 가능하며 사람들을 즐겁게 해야 하는 오락이기도 하다. 리얼리티 스펙터클은 아마추어 배우가 낯선 정체성을 마치 자기 것인 양 떠맡는 인위적 상황이다. 리얼리티를 다루는 이 작업은 연루된 관객에게 엄청난 영향을 미친다. 관객은 패러디풍의 유형분류에 자신을 직접 동일시한다. 이 스펙터클에 의해 공격받는 것은 미디어의 효율성이나 도덕이 아니라 무명 배우들과 관객들의 윤리적 가능성이요, 각 에토스가 자신을 위해 가질 수 있을 개별적 염려의 가능한 조건들이다.

윤리는 자율적이며 내재적인 자신에 대한 염려이므로, 따라서 전시의 윤리적 기준은 자신의 전시에 대한 기준이다. 이 기준은 연출자에서 배우에게로 적용되는 것이 아니다. 그것은 스펙터클의 장치들이 무명인들에 대한 윤리적 염려로 취해야 할 주의사항이 아니다. 자신에 대한 염려는 자신을 위한 염려이지 다른 사람들을 위한 것이 아니다. 그렇다고 배우에서 연출가로 적용되는 것도 아니다. 마치 배우들이 "윤리"를 지켜가며 자신들을 대접해달라고 요구하듯이 말이다. 윤리는 자기 자신의 호출이지 타인의 호출이 아니다. 자신을 염려하는 개인은 그를 무대에 올리는 장치들이 자신을 배려해주기를 기대하지 않는다. 오히려 그는 자신이 처한 스펙터클 상황(TV나 일상)의 길들이기 효과에 주의를 기울이고, 따라서 그것을 피하도록 행동할 수 있다. 자신에 대한 염려를 공연 속에 끌어들이는 것은 전시되는 사람의 몫이다. 그런데 윤리적 추구는 자신으로부터 나와서 자신을 향해 가고 자신을 위한 것이다. 따라서 스펙터클하지 않다. 그 과정은 눈에 보이지 않으며, 몸의 두께 속에, 의식의 주름 속에 감춰져 있다. 그것은 이해될 수 없는 것이다. 그것이 자기 고유의 평가를 가지고 있기 때문이다. 그것은 또한 자유로운 야생동물이 그런 것만큼이나 불안한 것이다. 우리는 윤리적 조명 아래 직접적으로 모습을 드러내지 않는다. 우리가 자신에 대해 염려한다고 그것이 보이는 것은 아니다. 달리 말해, 우리는 즉흥성이나 진리나 진정성에 호소함으로써 일상적 표현의 문제로부터, 사회적 연극으로부터 벗어나지 못한다. 소위 자연적인 것이 연극을 무효화해주는 것은 아니다. 언제나 헛된 것인 진정성은 자신으로부터 벗어나는 것만 보여줄 뿐이다. 그것은 깊은 본성을 드러내기보다는 연출의 외적 유형론과 영향을 중계한다. 우리가 공연중임을 부인하면 무대와 객실 바깥에 있다고 믿을 때조차도 고분고분한 배우가 될 위험이 있다. 반대로, 자신에 대해 염려하는 사람은 자신이 보여지고 판단되며, 자신도 보고 판단한다는 사실을 안다. 그의 문제는 즉흥적이거나 진짜처럼 보이려는 것이 결코 아니며, 자신에 대한 염려에 참여하는 역할을 하는 것이다. 그는 자신에게 달려 있는 것의 영역을 자신에게 달려 있지 않은 것의 영역으로 옮기는 공연을 설계할 수 있다. 그것은 윤리적 개인으로서 인정받기 위해서가 아니다. 자신에 대한 염려를 벗어난 어떤 이득을 구하기 위함도 아니다. 그런 이득이란 없다. 그저 자신이 아닌 다른 무엇으로 여겨지지 않기 위해서다. 자신이 자신과 맺는 관계의 진실된 모습을 보여주고 얘기하려는 것뿐이다. 윤리적 성찰과 실천은 윤리적 추구에 충실한 자신의 이미지를 규정하는 것으로 이루어진다. 일상적 스펙터클에 바깥이 없다면 연출과 유형론과 모방을 피하는 일은 연기를 거부하는 것이 아니라 오히려 거부를 연기하는 것이다.

　윤리적 역할은 개별적 에토스를 닮을 수 없다. 결코 어떤 금욕주의자나 견유철학자를 닮으려는 것이 아니다. 에픽테토스는 로마에서 틀에 박힌 유형이, 우스꽝스런 방식이 되어버린 견유철학자의 얼굴을 비웃는다. 그 우스꽝스러운 방식은 견유철학자를 몇 가지 피상적인 특징으로 축소시켜버렸다. 그는 말한다. 몽둥이와 배낭을 들고, 머리카락을 길게 기르고, 더러운 손톱을 하고서 지나가는 행인들에게 욕설을 퍼붓는다고 해서 새로운 디오게네스가 되는 건 아니라고. 그러나 에픽테토스의 비판은 상반된 습관에 빠지고, 견유철학자를 본보기로, 거의 신적인 존재로 만들게 된다. 에픽테토스는 견유철학자를 '도달할 수 없는 인물'로 만든다. 그 인물이 윤리적 추구를 위한 하나의 목표가 될 수는 있지만 그렇다고 그 추구과정을 결정하고 굳히지 않는 건 아니다. 윤리적 역할은 하나의 방식도 아니요, 모델도 아니다. 또한 사회에 전가되는, 수공품처럼 만들어진 역할도 아니다. 그렇게 여긴다면 그것을 하나의 능력에, 하나의 인물에, 타인의 해설에 예속시키는 셈이 될 것이다. 우리가 타인의 마음에 들기 위해 하나의 에토스를 받아들인다면 우리는 더 이상 자율적이지 않다. 또한 이미 존재하는 하나의 성격을 본뜬다면 그것은 전혀 내재적이 아니며 행태학적 모방일 뿐이다. 우리가 고정된 하나의 정체성을 선택한다면 우리는 윤리적 추구를 중단하는 것이며 지금 이곳과 단절되는 것이다. 우리가 찾는 기준은 하나의 생활방식을, 몇몇 성향이나 일련의 행동들을 규정하지 못한다. 전시의 윤리적 기준은 윤리적 추구를 보이게 만드는 데, 나아가 그것을 무대에 올리는 데 있다. 추구과정이란 만들어지고 있는 기능들의 집합이다. 윤리적 추구 과정은 작동 중인 비판적 기능들의 집합이다. 해체중인 한 주체의 활동인 것이다. 이 과정을 보여준다는 것은 한 개인에게서 사회적 종으로서의 성격의 붕괴를, 성향으로서의 습관들의 구조 상실을, 의미로서의 행동들의 해방을 보여주는 것이다. 또한 같은 종과 성향들과 행동들 사이의 유형론적 관계들의 해체를 보여주는 것이기도 하다. 윤리적 전시란 해체되는 에토스의 전시다. 동물원이 틀에 박힌 에토스들을 만들어내는 곳이듯이 말이다. 윤리적 스펙터클은 예측 불가능한 것, 알지 못하는 것, 동화할 수 없는 것을 끊임없이 스치는 행동들을 하는 개인의 스펙터클이다. 그것은 창조하는 역할이 아니라 해체하는 역할이다. 우리가 행동과 말을 끌어 모으는 것은 하나의 이름을 얻기 위해서가 아니라 이름을 잃기 위해서다. 그 결과로 하나의 인물이 나타나는 것이 아니라 코드화된 하나의 얼굴이 사라진다. 그 얼굴은 야성적으로 되어가는 하나의 몸으로 대체되는 것이다. 그것은 어떤 지위도 부여하지 않으며 다만 송두리째 지위를 박탈하는 역할이다. 진짜 무명을 전시하는 것이요, 타인들이 그를 예견하고 동일시하고 소화할 수 없기에 우리가 선택할 수도, 주장하고 높은 가치를 부여할 수도 없는 사람을 전시하는 것이다. 네가 너 자신을 알지 못하는 만큼 "첫째로 네가 누구인지 우리가 알 수 없도록 주의하라".[1] 리얼리티 TV 배우가 받아들이고 주장하는 수동적인 무명인은 그가 확신을 갖고 자연스럽게 연기하는 하나의 정체성을 그에게 전가하게 해준다. 윤리는 자신에 의한 자기 자신 찾기 가운데 이루어지는 능동적 익명성의 창출이다. 그것은 자신과 자신 사이의 내적 거리의 외적 연출이요, 비정체성의 전시요, 개별적 얼굴 해체의 전시다. 윤리적 추구의 특이성은 강한 성격을 가진 인물의, 기인의, 한 두드러진 인물의 "특이성"과 대척점에 놓여 있다. "그 특이성은

---

1 에픽테토스, 앞의 책, p.333.

(한 종의) 명칭, (한 성향의) 표출이나 (하나의 행동의) 의미의 특이성
과는 다른 차원에 속한다."[2] 그것은 한 주체가 다른 주체들과 마주하는
거리가 아니다. 그것은 차이의 주장이 아니요, 비개인적인 사건들 속에
서 항구적으로 갱신되는 차이의 현실화다. 비개인적인 사건들은 그것
들에 동화되는 인성의 재료가 된다.

바로 여기서 전시의 윤리적 기준과 리얼리티 스펙터클의 도덕 사이
에 근본적 차이점이 드러난다. 인종 전시회와 식민지 전시회들이 있은
지 한참 후, 리얼리티 TV는 전시된 주체들의 존엄성을, 더 넓게는 인간
의 존엄성을 무시했다는 격렬한 비난을 받는다. 사람들은 리얼리티 TV
가 침해할 수 없는 인간의 존엄성에 대대적인 공격을 가했다고, 인간에
대한 파렴치한 멸시를 표현했다고, 인권이 조롱당했다고 말할 수 있었
다. 솔직하면서 분노에 찬, 그러면서 순진하면서 비생산적인 이러한 반
응들은 존엄성의 정치적 및 도덕적 활용이라는 문제를 제기한다. 휴머
니스트적 감상이 모든 공격으로부터 격렬하게 보호하는 '존엄성'이라
는 말의 합법성과 효력에 대해 의문을 제기하는 건 중요해 보인다.

존엄성의 라틴어 어원인 'dignitas'는 로마의 시민권을 지칭하는 단
어로, 그것은 책임이나 공직, 그리고 그것을 소유하고 간직하기 위해
필요한 자질을 동시에 가리킨다. 이렇듯, 원로원 의원들은 존엄성의 순
서에 따라, 다시 말해 cursus honorum(책임의 수직체계) 속에서 각자
의 서열에 따라 원로원의 구성원 명단에 올려져 있었다. 그와 동시에
원로원 의원이라는 직위는 새로운 존엄성을 부여해주는데, 그 존엄성

<hr>

[2] 질 들뢰즈, 『의미의 논리』, 파리, 에디시옹 드 미뉘(비평 총서), 1969년, p.67.

을 본인도 지켜야 하고 다른 사람들도 존중해주어야 했다. 'dignitas matrimoni(결혼의 존엄성)'는 결혼이 후손의 귀족 승격을 가능하게 해주는 것보다 훨씬 나은 것이었다. 'dignitas'는 따라서 공직이자, 사회적 지위이자 동시에 그것을 일러주고 확인해주는 일련의 행동들인 것이다. 원로원 의원은 일정한 공공 업무를 맡고 있으며, 정확한 서열을 가지고 있고, 자신의 조건에 적합한 근엄함과 침착함을 보여야 한다. 'dignitas'의 서로 다른 차원들은 존엄성이라는 말의 사용에서 점차 분리되어 왔다. 우리는 더 이상 서열의 존엄성과 행동의 존엄성을 거의 뒤섞어 쓰지 않는다. 사람들은 대통령의 직위가 국가에서 가장 높은 직위이며, 한 사람만이 그에 걸맞은 몸가짐을 갖는다고 말한다.

오늘날, 우리가 살인하는 것을 빼고 한 인간에게 할 수 있는 최악의 일들 가운데 하나는 그의 존엄성을 무시하는 것이다. 우리는 그가 받아 마땅하다고 생각하는 것을 그에게 주지 않거나, 그가 받아 마땅하지 않다고 생각하는 것을 그에게 가함으로써 개인의 존엄성을 무시할 수 있다. 또한 인간의 본성에 대해 품고 있는 생각보다 열등하다고 여겨지는 취급을 가함으로써 인간의 존엄성을 존중하지 않을 수 있다. 이 용어에는 언제나 강한 정신적 비애감이 담겨 있다. 왜냐하면 존엄성은 언제나 자신을 이루는 일부분으로 체험되기 때문이다. 존엄성을 부인한다는 것은 하나의 인격체로서 또는 인간으로서의 개인을 부인하는 것이다. 그렇다면 개인의 존엄성이란 무엇인가? 존엄성은 무엇보다 우리가 소유하는 무엇이다. 우리는 저마다 자신의 존엄성을 갖고 있다. 존엄성의 소유는 일정한 권리를 부여한다. 특전을 요구할 권리, 우리는 그런 직무를 가질 자격이 있다. 모욕을 거부할 권리, 우리는 그런 식으로 취급

당해 마땅하지 않다. 우리는 존엄성을 가졌으며, 그 존엄성은 우리가 어떤 자격이 있으며 어떤 자격이 없는지를 결정한다. 우리가 누군가에게 그가 어떤 존엄성을 소유함으로써 받아 마땅하다고 생각하는 것을 거부한다면 그것은 그를 능욕하는 것이라기보다는 그에게서 무언가를 갈취하는 것이다. 그의 정신적 인격을 부인하는 것이라기보다 그의 재산을 줄어들게 만드는 것이다. 마치 지갑을 훔치듯 존엄성을 훔치거나 계급을 박탈하듯 박탈하는 것이다. 존엄성은 돈이나 직위처럼 권리를 부여해주고 "어떤 인물이 되게" 해주는 하나의 소유물이다. 그렇기 때문에 매우 존중받을 만한 사람이 되길 원하는 사람은 대개 자신이 다른 사람보다 더 품위 있고, 더 가치 있으며, 우월하다고 생각한다. 그의 존엄성은 자신의 지위를 보호해주는 바람막이다. "존엄성과 비겁함. 의식儀式, 고급스런 옷차림, 근엄한 표정, 엄숙한 시선, 느린 거동, 우회적인 언어, 그리고 일반적으로 존엄성이라고 지칭되는 모든 것. 이는 내심으로는 겁 많은 사람들 특유의 은폐 형태다. 그들은 이렇게 해서 두려움을 불어넣으려고 하는 것이다(그들 자신에 대한 두려움, 혹은 그들이 표현하는 것에 대한 두려움을)."[3] 그 결과, 개인의 존엄성에 대한 존중의 결핍은 그 심각성을 잃는다. 위엄 있는 태도를 보임으로써 사회적 우월성을 지키려는 어떤 지식인이나 혹은 상관을 우스꽝스럽게 만들고 싶은 욕망을 품어보지 않은 사람이 어디 있겠는가? 정장처럼 압박감을 주는, 지나치게 뻣뻣한 존엄성을 해체하고 싶은 욕망을 느껴보지 않은 사람이 어디 있겠는가? 인간의 존엄성 때문에 만사가 복잡해진다. 첫째

3 프리드리히 니체, 『여명』, 파리, 갈리마르(폴리오 에세이), 1980년. p.174.

로 그것은 동물이나 식물과 같은 다른 존재들과 마주한 인간이 받아 마땅한 존중을 지칭한다. 긍정적으로 그것은 인간이 어떻게 대접받아야 하는지를, 권리와 의무를 부여하는 인간의 본성에 비추어 어떻게 행동해야 하는지를 규정한다. 그러나 그 누구도 인간의 본성이 무엇인지 모르기 때문에 그 규정은 임의적인 것이다. 부정적으로 그것은 인간에게 가해서는 안 되는 것만 규정할 수 있을 뿐이다. 그것은 동물 취급을 아래쪽 한계로 정하고, 매우 모호한 최소한의 인간대접을 설정한다. 우리는 인간의 본질을 규정하지 못하는 것만큼 비인간적인 취급이 무엇인지도 규정하지 못한다. 인간 동물원에 의해 제기된 문제는 사람들이 인간을 동물처럼 다룬다는 것이 결코 아니며, 표현과 몸을 구속하는 실제적이며 스펙터클한 예속 장치들의 존재다. 그것이 어떠한 것이 되었건 말이다. 반면 그 구속에 저항하는 방법을 찾는 건 각 개인의 몫이다. 둘째로, 인간의 존엄성은 칸트의 말에 따르자면 인간 존재를 한 인격체로, 다시 말해 다른 것을 위한 하나의 수단이 아닌 목적 그 자체로 간주하는 데 있다. 그런데 윤리적 추구야말로 바로 개인의 삶에 주어진 모든 목적으로부터 벗어나는 데 있다. 자신에 대한 염려의 목표는 도덕적 인격체로서의 자아가 아니라 자아의 지속적인 변화다. 다시 말해 염려 자체인 것이다. 염려는 개인으로 하여금 하나의 인격체로서가 아니라 목적 없는 수단들의 집합으로서, 순수한 추구과정으로서 자신에게 다가가도록 촉구한다. 이런 의미에서 그것은 비인간적이다. 따라서 인격체의 존엄성은 전시의 윤리적 기준을 찾도록 인도하지 못한다.

존엄성은 비교적 방대한 주체들이 함께 나누는 지위다. 우리는 모두 동일한 존엄성을 갖고 있지 않다. 국가적, 지역적, 도시적, 농촌적, 종교적, 직업적 존엄성이 있으며, 각자가 소유하고 있는 개인적 존엄성까지 있다. 보다 정확하게 말하자면 한 인격체는 여러 개의 사회적 존엄성을 겸비하고 있으며, 그것을 개인적 존엄성 속에 병합한다. 존엄성은 받아 마땅한 지위다. 로마의 'dignitas'는 권리를 주는 지위인 동시에 그 지위에 결부된 자질이다. 우리가 지닌 자질이지만 무엇보다 우리가 증명해야 하는 자질이다. 특정한 사회적 역할을 해야만 그 보상으로 어떤 존엄성을 획득할 수 있다. "법적 dignitas의 경우, 정신적 치환의 경우처럼, 존엄성은 그것을 소유한 자의 삶과 관련하여 무언가 자율적인 것을 이룬다. 내적 모델이나 그가 따라야 하고, 자신의 조건에 걸맞은 행동을 (취함으로써) 무슨 수를 써서라도 간직해야 하는 외적 이미지를 이룬다."[4] 따라서 우리가 리얼리티 스펙터클 참여자들의 존엄성을 '무시'한다고 말하는 것은 아무 의미가 없다. TV 화면에 나옴으로써 리얼리티 TV의 무명인들은 자신들의 일상적 존엄성을, 손에 열쇠를 쥐어준 채 제공된 스펙터클의 가변적인 존엄성으로 대체한다. 우리는 그들이 교환에서 손해를 보았는지를 생각해볼 수는 있지만 그들이 인간 이하의 대접이나 동물 취급을 받았는지를 생각해볼 수는 없다. 그들은 어쩌면 속임을 당했을 수는 있지만 결코 부인되지는 않았다. 존엄성을 완전히 잃어버린 사회 계층이란 없다. 서로 다른 존엄성들을 한데 끼워 넣는 일은 사회적 수직체계를 전체적으로 보여주는 것이다. 각 존엄성은 다른 존엄성보다 우월하면서 열등하다. 가장 낮은 존엄성도 동물의 존엄성보다는 우월하다(개나 말, 돼지나 쥐의 경우가 또 다르다).[5] 이렇

---

4 조르지오 아감벤, 『아우슈비츠로부터 남은 것』, 파리, 파이요(기슭), 1999년, p.84,.86.

듯, 동물원은 틀에 박힌 에토스들과 관계된 존엄성들을 창출해내고 부여하고 통합하는 장치다. 갇힌 야만인은 존엄성을 송두리째 잃은 것이 아니다. 그에게는 천진한 독자성이나 야성적 자존심이 남겨져 있다. 식민지 피지배자는 문명의 외곽과 맞바꾼 익살스러움이나 고분고분함을 내보이는 자신의 모습을 본다. 모든 존엄성은 사회적 특혜와 맞바꾼 일련의 행동적 제약이다. 가장 낮은 수준의 존엄성은 가장 큰 제약을 가장 작은 특혜와 맞바꿀 것을 요구한다. 리얼리티 스펙터클은 어떤 존엄성도 파괴하지 않는다. 반대로 존엄성을 창출해낸다. 그것은 하나의 집단이 제 모습을 알아볼 수 있는 한 표본에 대한 설명과 평가를 전시한다. 그것은 하나의 유형 집단의 특성과 자리를 부여한다. 그 집단에 속하고 그 손엄성을 획득하려면 그저 모방하기만 하면 된다.[6] 무시된 존엄성에 대한 휴머니즘이 리얼리티 스펙터클에 대해 불평할 때 그것의 수직적 분류를 안타깝게 여길 수 있을 뿐, 분류 기능을 안타깝게 여기는 것은 아니다. 반대로, 윤리적 추구는 사회적 존엄성을 뿌리 뽑는 움직임이다. 그것은 지위들, 역할들, 수직체계들의 해체의 표현이자 추구다. 윤리적 전시는 존엄성을 존중하는 스펙터클이 아니라, 모든 존엄성을 거부하는 스펙터클이다. 존엄성이 길들이기의 외적 규칙들에 따라 내적인 가능성들을 필연적으로 제한하기 때문이다.

전시의 윤리적 기준은 몸의 전시로, 그것은 "가능한 세계의 표현이

---

5 그럼에도 집단 수용소의 경험이 어떤 점에서 예외적인지는 규정해야 할 것이다(그러나 여기서는 스펙터클의 문제가 아니다).

6 "감시되는 주택에(〈로프트 스토리〉의 참석자 아지즈), 초가집에(마그렙의 프랑스인들) 거주하도록 지정받은 처음부터 우리에게 의연한 모습을 보이고 '우리를 부끄럽지 않게' 하기 위해 '그'가 말했어야 했거나 했어야 한 것, 말하지 말았어야 했거나 하지 말았어야 한 것을 두고 열띤 논쟁이 점점 고조되었다." 아주 베가, 「아지즈 또는 아래로부터의 통합」, 《르 몽드》, 2001년 5월 19일.

요, 그것을 표현하는 자의 밖에는 아직 존재하지 않는 것처럼 포착된 표현"[7]이다. 그것은 또한 하나의 의미, 하나의 성향, 하나의 종이나 사회적 지위 속에도 아직 존재하지 않는 것이다. 표현된 것이 또한 표현하는 것이라는 얘기는 내재성의 미학적 표현이 될 수 있을 것이다. 전시의 윤리적 기준은 코미디 작업에 비견되지만 다른 사람의 피부 속에 들어가는 "고전적" 배우의 작업은 아니다. 스펙터클의 리얼리티 속에서 이것은 거짓이라 불리고, 이는 마치 사실인 것처럼 거짓을 말하는 것이다. 그것은 또한 거짓된 상황 속에서 진짜인 것처럼 생각하는 무명 배우의 작업도 아니다. 리얼리티 스펙터클에서는 진실인 것처럼 진실을 말한다. 윤리적 유희는 그보다는 진실을 마치 거짓인 양 말하는 방식이 될 것이다. 우리가 자기 자신과 불안정한 상황에 처해 있음을 보여줌으로써 진실을 말하는 것이다. 이는 브레히트가 규정한 바의 서사적 배우의 작업과 닮았다. 물론 브레히트의 경우, 문제는 그 목표가 배우의 에토스가 아니라 관객의 주의를 끄는 데 있는 연극적 기교다. 그렇다고 그 기교가 무엇보다 자신을 위한 표현, 자기 자신에 대한 염려의 표현인 윤리적 추구의 일상적 표현 기교로 전환되지 못하는 것은 아니다. 서사적 연기는, 평상시 자연스럽고 평범한 것으로 지각되는 행동들을 기괴한 것으로 만드는 걸 목표로 삼는 행위와 배우 사이의 거리두기에 토대를 두고 있다. 우리는 거리두기 기교를 크게 세 가지로 나누어볼 수 있다. 첫째, 당위성을 해체할 수 있다. 배우는 자신이 하려는 것을 예상해서는 안 된다. 그는 마치 우리가 언제나 예측 불가능한 것에 열려

---

7 질 들뢰즈, 「미셸 투르니에와 타인 없는 세상」, 앞의 책, p.357.

있는 것처럼 모든 가능한 행동들을 실행된 행동의 배경으로 끌어들임으로써 연기한다. 하나의 역할을 연습하는 데 대해 브레히트는 다음과 같이 조언한다. "자신의 역할을 읽는 배우는 그 역할이 자신을 덮치도록 내버려두고 역할에 어긋나는 행동도 해야 한다. 그는 어떤 것도 주어진 것으로, '다른 식으로는 진행될 수 없을' 무언가로, '인물의 성격이 주어졌다고 가정할 때 기대되는 것'으로 간주해서는 안 된다 (…)"[8] 서사적 배우는 윤리적 주체가 자신을 찾듯이 자신을 문득 깨닫는다. 진실의 차원에서 자신과 자신 사이에 끌어들여야 할 첫 번째 거리는 이런 말을 하지 않는 것이다. "당연하잖아." 두 번째로, 동일시를 해체할 수 있다. 서사적 배우는 자신의 인물과 자신을 동일시하지 않는다. 이는 관중이 배우와 동일시하지 않게 해준다. 배우는 마치 다른 사람의 것인 양 연기해야 할 감정에 들러붙지 않은 채 연기한다. 이는 전달되는 사실들의 기묘함과 참신함을 간직하게 해준다. 배우는 가장 내밀하고 가장 평범한 생각들을 마치 낯선 증언을 인용하듯이 묘사한다. 그것이 하나의 성격의 직접적 발산처럼 보이는 것이 아니라 우리가 이해해야 할 낯선 현상처럼 보이도록 말이다. 서사적 배우는 윤리적 주체가 자신을 살피듯이 자신을 관찰한다. 즉흥성의 차원에서 자신과 자신 사이에 끌어들여야 할 두 번째 거리는 이렇게 말하지 않는 것이다. "자연히 이렇게 되더군요." 세 번째로, 우리는 유형론적 시각으로 인해 굳은 얼굴을 해체하고 상황의 가면들로 대체할 수 있다. 왜냐하면, "스펙터클에서 나쁜 점은 (가면이 아니라) 얼굴들이 화석처럼 굳어 가면을 닮을 정도로

---

8 베르톨트 브레히트, 『배우의 기술』, 파리, 라르세, 1999년, p.130.

되기까지 한다는 점이다. 주된 심급이 변신의 주인으로 자처할 수 있게 된다는 점이다."[9] 가면은 자신의 얼굴을 잊고 자신의 몸과 유희할 수 있게 해준다. 그러자면 얼굴이 더 이상 표현하지 않는 것을 표현하기 위해 몸짓과 말들을 다시 고안해내야 한다. 이 고안은 얼굴의 지배적 유형론을 깨뜨린다. 서사적 배우는 자신의 연기를 굳히고 표준 의미들로 몰아가는 얼굴을 잊기 위해 가면을 이용한다. 그렇게 자신의 얼굴을 믿지 않다 보면 그것을 잃어버리게 된다. "(가면을 벗을 때) 나는 거기에 내 얼굴의 일부가 남아 있지 않을까 하는 불안감을 느낀다…… 마치 가면이 내 얼굴을 벗겨내기라도 하듯이. 그리고 두세 시간 뒤에 가면을 벗으면 나 자신이 지워지는 듯한 느낌이 든다……."[10] 서사적 배우는 윤리적 주체가 진정으로 무명인인 것처럼 자신을 숨긴다. 진정성의 차원에서 자신과 자신 사이에 끌어들여야 할 세 번째 거리는 이렇게 말하지 않는 것이다. "이건 정말이지 나야." 전시의 윤리적 기준은 거리두기를 통해 예견과 동일시와 표현의 소화를 피하는 자기 코미디의 서사적 방법을 불러일으킨다. 그 방법은 무대에 오른 무명인의 세 가지 근본 미덕인, 진실, 즉흥성, 진정성을 해체하는 연기 기교를 통해 이루어진다.

이렇듯, 윤리적 전시는 행동을 길들이는 미디어의 모방 사슬을 자기 수준에서 끊기 때문에 타인들에게도 그 영향을 미치지 않는 것이 아니다. 자신에 대한 염려는 모방을 자율적이고 내재적인 비판에 복종시킨다. 모든 표현은 개별적이고 실제적인 이성의 체에 걸러진다. 그 표현

---

9 티쿤, 『블룸의 이론』, 파리, 라 파브리크, 2000년, p.78.
10 다리오 포, 『배우의 유쾌한 지식』, 앞의 책, p.48.

들이 스펙터클의 것일 때는 더더욱 그렇다. 윤리적 주체는 더 이상 리얼리티 스펙터클의 틀에 박힌 에토스들을 수동적으로 수용하는 역할을 맡지 않는다. 그는 예측 불가능한 것, 낯선 것, 동화할 수 없는 것을 끊임없이 스치면서 얼굴 없는 "인물"을 연기한다. 그는 모방될 수 없다. 모방 통로 크기에 맞춰져 있지 않는 것이다. 윤리적 배우는 더 이상 스펙터클의 에토스들을 중계하는 역할을 하지 않는다. 윤리적 전시는 스펙터클의 규칙적인 전개 속에 뜻하지 않게 침입한다. 그것은 무대장치와 조련과 자기연출의 역할을 하지 않으며, 모방의 순환 고리를 자르고, 유형론을 무너뜨린다. 윤리적 전시는 리얼리티 스펙터클에 대한 단순한 비판을 하는 것이 아니라 기능의 조건들을, 즉 가능성의 조건들을 내부로부터 무너뜨린다. 그것은 스펙터클의 길들이기 메커니즘 한가운데로 가장 은밀하지만 가장 두려운 야생성, 불확정의 야생성을 끌어들인다.

언제부턴가 TV를 켜면 리얼리티를 내세우는 프로그램들이 넘쳐 난
다. 몰래 카메라가 실험대상을 거짓 상황에 내몬 뒤 그의 반응을 적나
라하게 보여주기도 하고, 가정 폭력이나 외도가 벌어지는 현장을 덮쳐
생생하게 중계하기도 한다. 또는 문제아동(때론 문제어른이나 문제애완
동물)이 개선되어가는 변화과정을 카메라가 좇기도 하고, 외적으로 그
럴 듯한 조건을 갖춘 남녀가 짝을 찾기 위해 여러 명의 이성과 공개적
으로 데이트를 하고 최종 선택을 하는 짝짓기, 어려운 시합이나 시도에
도전하는 보통 사람들의 분투기도 보여준다. 그 밖에도 외모에 자신 없
는 사람이 전문가들의 도움을 받아 눈에 띄게 달라지는 변신과정을 보
여주거나, 색다른 재주를 가진 사람들이 나와서 서로 재주를 겨루는 모
습을 보여주기도 한다. 이렇듯 리얼리티 프로그램들은 각본 없는 실제
상황에 던져진 사람들의 행동을, 그들의 일상을 낱낱이 비춘다. 1999년
네덜란드에서 젊은 남녀 열 명을 한 공간에 모아놓고 그들의 일상을 낱
낱이 보여준 〈빅 브라더〉라는 제목의 방송이 처음 방영되어 엄청난 성

공을 거둔 뒤로 리얼리티를 내세운 방송들은 날이 갈수록 다양해지며
전세계적으로 인기를 더해가고 있다. 그런데 그 인기만큼이나 이런 방
송들에 대한 우려의 목소리 또한 높다.

이 책은 리얼리티 TV에 대해, 나아가 리얼리티 스펙터클 전반에 대
해 한 철학자가 내리는 냉철한 진단이다. 리얼리티 방송을 바라보는 그
의 눈길은 많은 사람들이 문제 삼는 선정성이나 사생활 침해, 훔쳐보기
등에 초점이 맞춰져 있지 않다. 그의 눈은 그보다 훨씬 본질적인 문제
를 꿰뚫어 보고 있으며, 훨씬 큰 위험을 간파하고 있다. 저자는 리얼리
티 TV를 동물원과 비교해서 분석한다. TV와 동물원이라니? 얼핏 보면
그다지 연관 없는 조합 같다. 그런데 조금만 생각해보면 근본적인 공통
점이 금세 눈에 들어온다. 둘 다 볼거리를, 스펙터클을 제공한다는 점
이다. 그것도 리얼리티를 표방하는 스펙터클이다. 두 실체의 닮은 점을
떠올리고 보면 TV 출연자들이 동물원 우리 속 짐승들처럼 구경거리로
전시된다는 휴머니즘 차원의 비판을 하려나 보다고 생각하기 쉽다. 그

렇지 않다. 저자는 그런 피상적 차원을 넘어, 리얼리티 스펙터클의 메커니즘 자체를 해부한다.

리얼리티 스펙터클의 메커니즘을 드러내기 위해 저자는 1874년부터 시작해서 20세기 초까지 서구 유럽에서 성행했던 인간 전시의 역사를 되짚으면서 그 전시들이 얼마나 연출된 것이며, 어떤 식으로 인간유형에 대한 상투적 관념들을 통용시켰는지를 보여준다. 동물원에 갇힌 호랑이가 야생의 자유로운 호랑이를 '흉내낸' 것이듯, 인간 전시장에 전시된 '야만인'은 야만인을 보고 싶어 하는 관객이 야만인에 대해 품고 있는 선입견에 맞춰 '연출된' 것이었다. 동물 전시가 되었건 인간 전시가 되었건 리얼리티 스펙터클은 흥행을 목적으로 '조정된' 혹은 '조작된' 현실을 현실인 양 제시한다. 조련이나 연출은 뒤로 감춘 채. 인간 전시회가 성공을 거둔 것도 그것이 현실인 양 제시되었기 때문이며, 시청자들이 리얼리티 프로그램에 열광하는 것도 있는 그대로의 '진짜' 현실을 본다고 생각하기 때문이다. 리얼리티 스펙터클은 자유롭고 다양한 현실을 보여준다는 환상을 심어주지만, 사실은 예견 가능하고 인위적인 현실을 보여줄 뿐이다. 생각해보자. 이를테면 문제아동이 개선되어가는 과정을 보여주는 리얼리티 프로그램에서 혹시 개선 불가능한 아동이 있더라도 그대로 보여줄 수 있겠는가? 실제 현실처럼 극적인 사건이라곤 일체 일어나지 않는 밋밋한 일상을 보여주는 리얼리티 프로그램이 있겠는가?

저자는 리얼리티 스펙터클의 길들이기 장치를 날카롭게 파헤치고 있다. 길들이기 장치를 통해 스펙터클은 보여주고 싶은 부분만 부각시키거나, 불필요한 부분을 과감히 삭제함으로써 현실을 '다듬고', 유형화와 분류가 가능한 틀에 박힌 표본들을 제시하며, 관객은 자신을 그 표본과 동일시하거나 구분지음으로써 스펙터클에 길들여진다. 우리는 동물원에 갇힌 '야수성' 잃은 맹수에 길들여지듯, 리얼리티 TV가 제공하는 '야생성' 잃은 현실, 모조 현실에 길들여지고, 동물원 동물을 보고 맹수를 보았다고 착각하듯이 모조 현실을 현실로 착각한다. 일찍이 기드보르도 스펙터클을 "현실이 아닌 것을 현실로 오인하게 하는 기술"이라고 말하며 스펙터클의 위험성을 경고하지 않았는가. 이렇듯, 동물원이나 TV 화면 앞에서 우리는 있는 그대로의 전시물을 자신의 의지에 따라 본다고 생각하지만 사실상 우리가 보는 것은 스펙터클이 보여주고 싶은 대로 배치한 현실일 뿐이다. 따라서 리얼리티 스펙터클의 세계는 '예측 불가능한 것', '낯선 것', '동화될 수 없는 것'이 허용되지 않는 세계다. '다른 것'이 철저하게 배척당하는 세계인 것이다. 바로 이 점을 저자는 리얼리티 스펙터클의 가장 큰 위험으로 보고 있다. 맹수가 모두 길들여진 짐승으로 바뀌는 세계, '다른 것'이 모두 닮은꼴로 환원되는 세계라니 참으로 섬뜩하지 않은가?

2007년 여름

백선희

ㄷ

『담론의 질서L'Ordre du discours』 106, 159

『대담Entretiens』 제1권에서 제4권 181, 184, 199

「대량생산이 겨냥하는 대중, 젊은이들의 판단Le jugement des jeunes,
  public visé par chaîne」 113

《대중과학La Science populaire》 36

『대화Dialogues』 151

《더 선데이 타임스The Sunday Times》 118

《더 타임스The Times》 122

「동물들의 말Le langage des bêtes」 91

『동물원, 서양 동물원의 역사(16세기–20세기)Zoos, histoire des jardins
  zoologiques en Occident(ⅩⅥe-ⅩⅩe siècle』 30, 63, 70, 91

『동물원에 관한 책Le Grand Livre du zoo』 69

『동물원의 야만인들 : 1877년에서 1912년까지 순화원의 민속 전시회들
  Des sauvages au jardin. Les exhibitions ethnographiques du Jardin
  zoologique d'acclimatation, de 1877 à 1912』 35, 37, 39, 63

『동물원의 역사Histoire des ménageries』 제1권 29

ㄹ

《라 그랑드 르뷔La Grande Revue》 39

《라 나튀르La Nature》 74

「란가만콘드레(갈리비), 수리남, 1991년 8월Langamankondre(Galibi),